田中博史 著

はじめに

　授業の記録の残し方にはいろいろな方法がある。もっとも誤魔化せないのは，映像で残すことだろう。生の子どもたちとのやり取りの様子がすべてそのまま残る。

　続いて本書のように，一言一句すべてをそのまま書き残すという方法がある。

　かつては算数の研究論文というと，このようなTCの繰り返しを記述する方法がほとんどだった。いや，逆にTCの間に余計な状況を書き込んだり，授業者の想いを書いてしまうと，客観的ではなくなるという意見の方が多かった。

　これについては，今は私が会長をしている全国算数授業研究会が発足当時，つまり30年前に，授業記録の方法として，やはり前後の文脈がわからないと逆に分析できないのではないかと提案し，その後は子どもたちがどのような流れの中でその発言をしたのかがわかるように記述するという方法がとられていった。質的研究の世界でも，臨床のデータを残すときにはやはり文脈を残すことを大切にしているから手法は同じだが，当時としては授業の風景がよく伝わる方法として多くの現場の先生方が好んでこの方法で実践を書くようになった。だが，研究という視点になると，やはり記述者によって子どもの言葉をわかりやすいように修正したりということも行われてしまうこともあるようで，事実に向き合えない論文も増えてきたのは確かだと感じた。

　ただ客観性を保証するのは，実は映像でもTCの記録でも難しい。撮影する視点によってまったく異なるように見えてしまうし，教室の中にいるときには聞こえてくる他の子どもが関わる発言も実は記録されていない。子どもは表情でも発言してくるのでこれもなかなか記録には残りにくい。映像を駆使しても活字だけで追っても実際の授業とは雰囲気が大きく異なるのは仕方ない。こうした欠点は承知の上で，今回あえて普段あまり行わないTCの記録だけを残すことに挑んでみた。ただ，情景が少しでも伝わるように，その時点での写真も対応させて掲載した。

　私と子どもたちのやり取りを文章と写真で追っていただくことで，「一授業人」の田中がどのように苦労しながら子どもと対峙しているかを読み取っていただければ嬉しい。

　読み直してみると赤面することばかりである。教師はあまり喋ってはいけないと言われるが，私は実に子どもとたくさん話している。でも私は，できるだけ内容の解説はしないようにと意識はしている。子どもの言ったことをそのまま復唱したり，あえて子どもの間違いを教師が代わってやってみせたりと，発言の意図は様々だが，懸命に子どもの世界を自然なままにしておくことはいつも努力したいと思っている。

　子どもが私の前を走っているときは私も余裕があり，笑わせたりできているが，子どもが意図した方に動かないときは余計なことを話している自分がいることにも気が付く。先生方もご

自分の授業をこうして巻き起こしてみるとよい勉強になると思う。

　振り返って反省することがもう一つある。私は実は板書が苦手である。だから本書の板書はあまり参考にしないでほしい（笑）。子どもと対話しているとその一瞬一瞬が命であるため，背中を向けて板書している時間を長く取ることが私はあまり好きではない。
　つけ加えて，私が教えている子どもは，発表のときに黒板の前に出てきて自分で図などをかきながら話すことが多いため，最初に予定していた板書計画はあっという間に崩れてしまう。だが，子どもたちが発表したり交流したりするために黒板を使うことはとても大切なことなので，私は子どもたちが使う方を優先することにしている。
　板書については，本校の後輩たちに上手な人がたくさんいるから彼らに学ぶといい。でも，教師が背中を向けている間に子どもが実はよく動いているから，そんな視点に立って授業を見てみるとここにも面白い発見がある。

　本書には研究会の授業だけではなく，日々の教室における習熟の時間の記録さえもあえて入れてみた。あえてうまくいかなかった展開のときも残してある。
　読者の先生方の日々の授業力をつけることに本書が少しでも役に立つならば幸せである。
　本書は，教室の中で子どもたちと日々悪戦苦闘している先生たちを応援するために制作した。あくまでも，学校内や先生方個人が自らの授業力向上に取り組むことを目的としている。従って，本書の子どもの会話や記録を，他の方が研究論文などで使うことは固くお断りする。

平成 31 年 3 月
田中　博史

目 次

はじめに……………………………………………………………………001

第2学年 かけ算九九（1）……………………………………………004
第2学年 かけ算九九（2）……………………………………………016

第3学年 3桁のひき算…………………………………………………030
第3学年 かけ算2………………………………………………………042

第4学年 わり算…………………………………………………………062
第4学年 面積……………………………………………………………076
第4学年 簡単な割合……………………………………………………088

第5学年 小数のわり算…………………………………………………100
第5学年 正多角形………………………………………………………112

第6学年 分数のわり算…………………………………………………124

著者紹介……………………………………………………………………135

第2学年 かけ算九九（1）

1. 授業のねらい

九九を使うゲームを通して，九九に登場する数のきまりを発見する。

2. 授業の位置づけ

九九の学習を終えた児童に，学習を振り返り九九表に出てくる数の面白さを感得させるとともに習熟する時間。

3. この授業で育てたい力

子どもたちに数のきまりを発見させるために本時では「アンラッキーナンバーゲーム」という遊びを取り入れた。私がつくった遊びである（ルールは p7 参照）。

これによって，「聞く」という活動，友達による「修正の活動」，さらに「先を予測する活動」などが自然に生まれることに意義がある。

授業で取り入れる活動には，その活動自体が目的になる場合と，活動が手段になる場合とある。ここでの遊びは実は両方の意味をもつ。

一つ目は子どもたちの気付きを自然に引き出すために用いる手段としての活動である。遊んでいるうちに子どもたちはそれぞれのかけ算の段の数のきまりを発見するようになる。もう一つは九九の習熟のための活動である。遊びが楽しければ子どもたちはそれを自ら繰り返す。反復練習を継続させること自体が目的なので，この活動はそれ自体が目標ということができる。子どもたちは最初特定の段の九九のきまりを見つけて喜んでいたが，次第に他の段にも同様の見方ができることに気が付き，最後は全体を概観するようになった。部分のきまりから全体のきまりへと目が広がっていくところがいい。

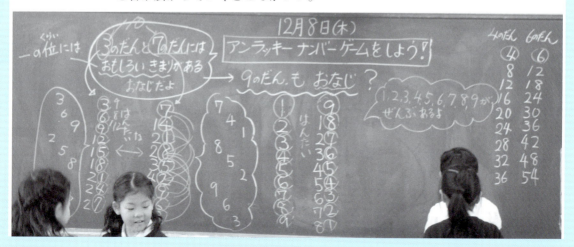

第 2 学年

START

田中　始めます。机の上は，ノートと筆記用具だけにしましょう。あとは全部片付けます。では，全員起立。お隣の人と九九を聞き合いましょう。いいですか。❶

C全　はい！

田中　最初に，男の子が言います。女の子は聞いてあげてください。9の段。せーの！

C男　$9 \times 1 = 9$，$9 \times 2 = 18$……。❷

田中　終わった？　はい，じゃあ女の子いきますよ，どうぞ。

C女　$9 \times 1 = 9$，$9 \times 2 = 18$……。

田中　よ〜し，今度は，ちょっとお散歩して相手を変えるよ。はい，教室を歩きましょう。必ず男子と女子になりますよ。二人組，どうぞ。

　　じゃあ，いくよー，始めます。やり方を言います。二人でアンラッキーナンバーゲーム。交代でやりますよ。先生がアンラッキーナンバーを言うので，どちらが最初に言うか，じゃんけんで決めましょう。

C全　はい，はい！

田中　いくよ。それでは，9の段！❸
　　アンラッキーナンバーは1。はい，どうぞ。

C全　$9 \times 1 = 9$，$9 \times 2 = 18$……。

田中　はい，オッケー。はい，じゃあ2回戦目いくよ。今度は先生が手をたたいた数の人数で集まる。せーの。❹

C多　5？

C多　4だ！

田中　そうです。4人でグループをつくります。男の子も女の子も両方いるかな。はい，では9の段をやります。出発は誰ですか？❺

C1　はい。

田中　スタートは誰がやるか，まだ決まっていなければじゃんけんで決めてね。

C2　じゃんけんぽん，アイコデショ。

田中　さあ，いくよ。どっち回りですか？

C3　時計回り。

田中　時計回りね。はい，いくよ。9の段です。今回のアンラッキーナンバーは2

C多　やったー！

田中　どうぞ。

C多　$9 \times 1 = 9$……。❻

田中　はい。お友達がやっている間は，ちゃんと聞くんだよ。いい？　ちゃんと正しく言えてるか聞くのもみんなのお仕事だからね。

C全　はい。

田中　4人組を変えて，もう一度やろうか。
　　　（ゲームの途中にC4が先生のところに来る）
　　　……ちょっとその場に座って。C4君がいま，面白い報告に来ました。昨日ほら，3の段と……。❼

C4　7の段。

田中　7の段の面白いきまりを見つけたよね。

C4　うん。

田中　9の段にもあるよって言ってるんだけど，なんだと思いますか。

C全　はーい！

田中　昨日は3の段と7の段だったよな。では，昨日のお話を覚えている人？

C全　はい！

田中　全員起立。それでは一度席に戻りなさい。
　　　アンラッキーナンバーゲームをやっていたら，3の段と7の段には面白いきまりがあって，同じだよって言ってたんだよね？❽

C4　そう。

10分経過

田中　C4君はいま，9の段も同じって言い始めたのね。

C4　うん。

田中　わかった？　では同じ内容を整理しますよ。まず，昨日言った3の段と7の段には面白いきまりがあるっていうのは，なんだったでしょう？

C多　はーい，はーい。❾

田中　手が挙がらない人は忘れちゃったね。じゃあ，全員で3の段と7の段を言ってみます。いいですか？　いくよ。せーの。

C全　3×1＝3, 3×2＝6, 3×3＝9, 3×4＝12, 3×5＝15, 3×6＝18, 3×7＝21, 3×8＝24, 3×9＝27！❿

田中　これが3の段だよ。次，7の段言ってごらん，どうぞ。

C全　7×1＝1, 7×2＝14, 7×3＝21, 7×4＝28, 7×5＝35, 7×6＝42, 7×7＝49, 7×8＝56,

かけ算九九(1) 　第 2 学年

　　$7 \times 9 = 63！$ ⓫
C多　はい！
田中　3の段と7の段にある面白いきまりはどこかわかった
　　人は座りなさい。
　　　はい，いいよ。気が付いた人たちはアンラッキーナン
　　バーゲームをやって気が付いたんだよ。では座ってる子，
　　いま立ってる子に気付かせてあげたいので，どこを見て気
　　が付いたことなのか，教えてあげて。
C多　一の位。
田中　一の位がなんだろう。面白いきまり。一の位には面白い
　　きまりがある。⓬
C多　はい！
C5　あ，わかった。
C6　ヒント。
田中　わかった？　はい，ヒント？⓭
C6　9の段と一緒で。

> 子どもが動く！
> 授業を創る
> ポイント

楽しく九九を覚えられる！「アンラッキーナンバーゲーム」

　グループで順に一人ずつが指定された九九を唱えていくのだが，残りのメンバーでアンラッキーなナンバーが一の位に登場したらアウトというルールで遊ぶ。繰り返していき最後の一人になるまで遊ぶ。

田中　9の段と一緒。なるほどね。いま立ってる子，まだ気が付かない？　C7君，まだ気が付かない？

C多　はーい！

田中　ちょっと手をおろして。C6さん，もう1回言って。

C6　9の段と一緒で，なになには一つしかない。

田中　なになには一つしかない。どういう意味だと思う？

C多　はーい。

田中　C7君に聞いてるの。まず一の位を見ます。「一の位には」と書いてあるから，一の位を見るよ。声に出して読んでごらん。

C7　3×1＝3，3×2＝6

田中　一の位だけでいいよ。

C7　3×3＝9

田中　数字だけ言ってごらん。⓮

C7　3，6，9，12

田中　一の位。

C7　2，5，8，1，4，7　⓯

田中　これが3の段の一の位だよ。

C多　はーい，はーい。もうわかった！

田中　C7君，じゃあこっち読んでごらん。せーの。

C7　7，4，1，8，5

C8　あれ？　なんか。

C9　あー。

C多　わかった！

C多　はーい，はーい。⓰

田中　C7君にいま読んでもらってるんだから。どうぞ。

C10　先生やばくない？　これ。

C11　なんでこんなになるの？

田中　C7君，みんななんか気が付いてないって言ってるけど，実はいま気が付いたことがあるんだよ，いま。

C10　やばくね？

田中　いままでは，実はC6さんが言ったことだけだったよな？

C7　うん。

C12　だけど，もっと！　もう書いてる！

C13　3の段は，3，6，9，2，5，8，1，4，7だけど，7の段は，それを反対にした。⓱

田中　はい，C13君がなにを言いたいでしょう？⓲

C多　はーい。

かけ算九九(1) 　第2学年

田中　お隣と相談。
　　　二人で話しても同じだった？
C 7　うん。
田中　手をおろして。C7君，なんだと思う？　困ってたC7
　　　君がここで言えたらすごい。
C 7　7の段が変わってないでしょう？　それで，この一の位
　　　の答えが一緒。
田中　ああー。これをね。
C14　はい，もう1個ある！
田中　もう1個ある。はい，C14君。
C15　あー言われちゃうかも。
C14　7，8，9で，4，5，6で，1，2，3で，7，8，9 ⑲
C多　え？
田中　わけわかんなくなったぞ。
C14　2個飛ばして次の数字が……。
田中　2個飛ばして，7，8，9，とこうなってて，次は4，5，
　　　6，それから？
C14　そこを上がっていくの。どんどん数字が上がっていくの。
C15　1，2，3 ⑳

20分経過

田中　1，2，3，こうなってんだって。
C14　3の段の反対から7の段ということは，こっちにもあ
　　　るっていうこと。
田中　なるほど，これが反対なら，こっちにも。㉑
　　　いま気が付いた人？　はい，C16君。
C16　まず，3の段は7が下にあって，7の段は7が上にあ
　　　るから，下から上にやっていけば，数字が上がる。
田中　下からいけばなるはずだ。ここが7で次はどこなの？
C16　7，8
C17　18
田中　ここが8。それから？
C16　2個たして。
田中　ここか？　9。それで？
C16　それで，4，5，6，1，2，3
田中　なるほどー。こりゃまた面白いな。
C18　先生，もう1個一緒のがあった。
田中　ちょっと待って。昨日はこんなところまでは出てこな
　　　かったよね。ねえ。昨日気が付いてたのはなんだったっ

け？㉒

C19　1，2，3，4，5，6，7，8，9

田中　そうそう，ここに1，2，3，4，5，6，7，8，9が1回ずつ出てくるよ，っていうのに気付いて面白いって思ったんだよね？　ところが同じものをいま見てたら，C19さん，あなたがゆっくり読んでくれたおかげで，ほら，もっと面白いことが見つかったよ。でも，もともと言ってたのは9の段も同じ。

C20　先生，9の段のほうが簡単なの。

田中　9の段のほうが簡単？　9の段一緒にいくよ。全員で。

C全　$9 \times 1 = 9$，$9 \times 2 = 18$，$9 \times 3 = 27$，$9 \times 4 = 36$，$9 \times 5 = 45$，$9 \times 6 = 54$，$9 \times 7 = 63$，$9 \times 8 = 72$，$9 \times 9 = 81$！㉓

田中　一番は，なにが同じなんだ。㉔

C20　こっちは，1，2，3，4，5，6，7，8，9，全部あって，そしてこっちは，9，8，7，6，5，4，3，2，1

C21　今度はさ，二つ飛ばさないで全部それで一気に並んでる。

田中　1，2，3，4，5，6，7，8，9が全部あるよっていうのが一緒なんだ。㉕

C22　3の段と7の段をたすと10でしょ？　それで，これは9の段だから，1の段の$1 \times 1 = 1$，$1 \times 2 = 2$……。㉖

田中　ちょっと待って，これまたすごいこと言い出したぞ。いまC22君が言ったことはすごいことだけど，聞いてないだろう？　全員立って。ちゃんと聞くよ。いま，C22君が言いたかったことがわかる人，座ってごらん。㉗

C多　はい！

C少　わかんない。

田中　自分の言いたいことを言うだけじゃなくて，人の話を聞くのも大事。いいかい？　C22君はね，こことここを見て気が付いたことで，こちら側にもなにかあるぞって言ったんだよ。どうぞ，C22君。

C22　3の段の3と，7の段の7の，3と7をたして10だから，この9の段と1の段をたして10だから，$1 \times 1 = 1$，$1 \times 2 = 2$……。

C多　え，どういうこと？

C23　わかったー。

C24　なんか少しわかるけど，よくはわかんない。

田中　C22君がなにに目をつけたかわかる人？

C25　あ，わかった。

かけ算九九(1) 第2学年

田中 わかった？
C25 9の段と1の段を合わせる。
田中 1の段を見なさいって言ってるわけだ。わかる？ なんで1の段を見なさいって言ってると思う？ C26さん。
C26 1の段の答えが9の段の答えと……。㉘
C27 そうそう。
田中 でも，C22君が1の段を見ようと思った理由はそうじゃないでしょ。はい。
C28 こことここをたしたら10になって，こっちも一の位だから……。
C27 そうそう。
田中 よく聞いてたね。ここは3の段と7の段，3と7を合わせたら10だろう？ ここ，3の段と7の段を合わせたら10だろう？ だからC22君は9の段と1の段を見たら，なんかあるぞと思った。待って，じゃあ1の段言うよ。せーの。
C全 1×1＝1，1×2＝2，1×3＝3，1×4＝4，1×5＝5，1×6＝6，1×7＝7，1×8＝8，1×9＝9！㉙
C28 わかった。
田中 なにがある？ なにが同じなんだろうな？

ゲームを楽しみながら何度も友達と九九を聞き合っている姿。九九は覚えさせたいけれど，単純な反復練習は子どもにとっても辛いもの。ポイントは子どもたちから「もう1回やりたい！」と言わせるように仕組むこと。

子どもいきいき！授業の様子

C多　はい！

田中　よし，じゃあちょっと一回座って。

C29　だって1の段の1から10まで……。

田中　はい，戻って，ノートにいまから書きます。C22君が見つけた面白いことはなにか。いいかい？　C22君はここを見て，こっちも見ようとしました。9の段も同じだったんだけど，こっちとこっち，なにか同じことが起きてる。起きてる？㉚

C多　うん。

田中　さっきは，ほら，7，4，1，8，5，2，9，6，3（逆に数えて）7，4，1，8，5，2，9，6，3，反対になってる。㉛

C30　ものすごーい起きてる。

田中　ものすごい起きてるか？

　　　では，気が付いたことをノートに書きなさい。大したもんだ，みんな。

30分経過

C31　もう一つさっき気付いたの。

田中　まだあるの？　待って，いまはノートに書く。ノートにもっとこのあと発表したいと思うことを書いときましょう。なにに気付いたのかな？　あなたノートきれいに書くね。上手だなあ。㉜

　　　今日は発表できなくても，今度ちゃんと聞いてあげるから。いいね。書きながらでいいから，先生が言ったら，なにを書いたかだけ教えて。どうぞ。

C31　9の段の一の位は9，8，7，6，5，4，3，2，1だけど，1の段の一の位は，1，2，3，4，5，6，7，8，9㉝

田中　やっぱり反対で，同じなんだな。そういうこと。それを書いた人？

C多　はい。

田中　C32さん。

C32　こことここをたしたら10で，こことここをたしたら10で，これも全部合わせたら10㉞

田中　ああ，そうなってるの？　なるほど，さっき3の段と7の段をやったけど，こっちはこれを合わせたら全部10だ。9の段って面白いね。

C33　あ，でもちょっと違う。

田中　いまのお友達の話を聞いて。もう1回いくよ。いい？

かけ算九九(1) 第2学年

C32さんは9の段はこれとこれをたしたら10になって，9の段面白いでしょう？って言ったんだよ。こっちだったらいいだろう？㉟

C34 だって，3の段と7の段は反対同士……。

田中 じゃあ，見てみるよ。いくよ。これとこれだったら？

C多 10

田中 6と4は？㊱

C多 10

田中 9と1は？

C多 10

田中 2と8は？

C多 10

田中 ほら，同じことがあったじゃないか。いいか？

C35 はーい。他にもある。

田中 まだあるか？　はい，C35君。

C35 4の段を見てみると，4，8，2，6がある。

田中 なに？　どこどこ。

C35 この次のやつが，4，8，2，6，0でまた同じ。㊲

田中 どういうこと？

C35 一の位を見ると，4，8，2，6，0が繰り返している。

田中 なるほど，今度は4の段の数を比べてみようと思ったわけね？　ちょっと待ってよ。でも，さっき見つけたルールとは違うでしょ？

C36 これは4の段と6の段の組み合わせを考えたんじゃない？

田中 ほんと？　ちょっと待て。合うかどうかは先生も知らないんだけど……。まず4の段，調べてみよう。4の段いくよ，せーの。

C全 $4 \times 1 = 4$，$4 \times 2 = 8$，$4 \times 3 = 12$，$4 \times 4 = 16$，$4 \times 5 = 20$，$4 \times 6 = 24$，$4 \times 7 = 28$，$4 \times 8 = 32$，$4 \times 9 = 36$！㊳

C多 ん？

田中 ほんとに6の段と組み合わせると何かある？㊴

C36 できる。

田中 これ4の段だよ？
　　　じゃあ6の段で試してみるよ。いくよ。ほんとになってる？

C37 先生，わかって言ってるでしょう？

田中 わからない。

C37 　僕らだってわかるよ。

田中　6の段いくよ，せーの。❹

C全　6×1＝6，6×2＝12，6×3＝18，6×4＝24，6×5＝30，6×6＝36，6×7＝42，6×8＝48，6×9＝54！

C38　やっぱり。

C39　あー。

C38　一の位をたしたら，4と6で10，8と2で10だから。

田中　なるほど。

C40　だからさ，みんな一の位で？ 1つけてるけどさ，僕はちょっと違う，十の位。

田中　わかった，ちょっと待って。❹

C41　はい！

田中　いまどうしても言いたい人？

C多　はーい！

田中　じゃあ，まずC41さん。❷

C41　一の位と一の位……。ここはこれを反対にしたもので，ここはこれを反対にしたもの。ここもこれを反対にしたもので，どんどんどんどん反対になってる。❸

田中　なるほど。

C42　似てるけど，違う。

田中　はい，しゃべってない子にちょっとしゃべらせてやろう。

C43　1の段の8から，9の段が続いてる。1，2，3，4，5，6，7，8にきたら，こっちにつながってる。

田中　ああ，なるほど（笑）。こっちにつながってるか？ これ，ずーっといって……。

C44　違うの，先生！ 違うの！

田中　ほら，つながってる。

C45　あ，つながってる。

田中　ほら，面白いなあ。

C多　はい，はい！ はーい！

田中　もうやめる。OK。終わりー。給食！❹

C多　はーい！ はーい！ はーい！ はーい！

田中　わかった。わかった。

C多　はい！ はい！ はい！ はい！

C全　これで算数の学習を終わります。礼。終わり。

授業アルバム

子どもたちが次から次へと発見をつないだ授業でした！
このパワーに向き合うには，教師の整理整頓の力が求められます。あ〜疲れた（笑）

第2学年 かけ算九九(2)

1. 授業のねらい
九九を使うゲームを通して九九に登場する数のきまりを発見し，解決の仕方が一通りに決まることを筋道を立てて説明することができる。

2. 授業の位置づけ
九九の学習を終えた児童に，学習を振り返り九九表に出てくる数の面白さを感得させるための時間。

3. この授業で育てたい力
論理的に説明する力は低学年から意識して育てていきたいと考えている。かけ算1の方は遊びの中で自然に気が付くのを待っているが，本時の学習では，子どもたちに失敗を役立たせるという経験を意図して取り入れている。

具体的には，本時で提示した問題は私が最初に2と4を使ってしまうと実は解決することができないようになっている。子どもたちが解決のために0や9という数字に着目し，九九表の中に登場する数のきまりを発見し，役立てていこうとするところがいい。

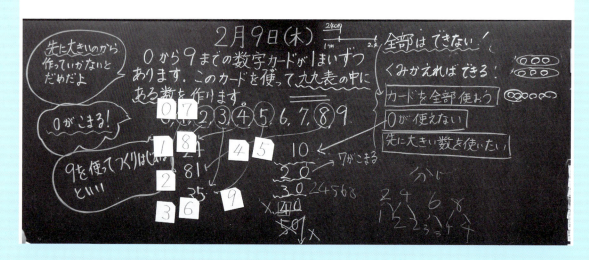

第2学年

> **START**

田中 では，今日やる問題を書きます。
　　　（問題を板書）❶

C1　虫食いじゃないの？

C2　ああ，かけ算。九九カードだ。

田中 よし。ちょっと，じゃあさ，みんな，0から9までの10枚のカードをノートに書くよ。

C全　うん。❷

田中 カードになるように四角で囲みたいと思うけれども，時間がかかっちゃうから，数字だけ書くよ。いくよ。
　　　これを使って，九九表の中にある数をつくるの。ちょっと，どういうことか，問題の意味がわかった人？❸

C複　よくわからん。

田中 よくわからないな。じゃあ，ちょっと先生が「たとえば」ってやってみるよ。そうだな。たとえば2と4を取ると，どんな数ができますか。❹

C3　24

田中 24は九九表の中にありますか？

C3　あります。

田中 ある？　あると思う人？

C複　はい。

田中 ある？　はい。C4さん，どんな式でありますか。

C4　4×6

田中 4×6であるね。じゃあ，24はあるね。いま先生は24をつくりました。
　　　数字カードは1枚ずつしかないので。

C5　1枚ずつしかないから…。

田中 残っているのは0，1，3，5，6，7，8，9です。

C複　これ，できない。

C複　いや，まだある！❺

田中 残ったので，続きを誰かつくれる？

C6　つくれると思う。

田中 つくれないの？　もう，ない？

C7　できる，81！

田中 81はある？

C8　ある！

田中 ある？　では，他に。

C9　35！

田中 35は九九にある？

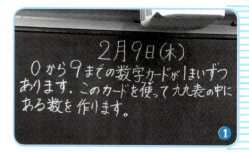

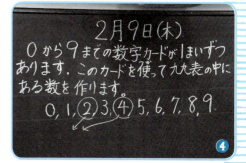

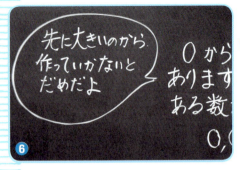

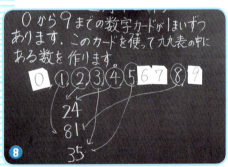

C10　ある。

10分経過

C11　でも，これだとちょっと下のほうがすぐになくなっちゃって，大きい数のほうでいっぱいつくれないかな。

C12　そう。だから先に大きいのからつくっていくのが目安。❻

C13　たりなくなっちゃう。

田中　なるほど，困ることがある。

C13　そうじゃない。

田中　ちょっと待って。いまなにか困るって言っているんだよな。「先に大きいのから，つくっていかないと，だめだよ」というアドバイスがありました。じゃあさ，このあとはできないの？

C14　だからこのやり方ではできない。

田中　やってみなきゃわからないじゃない。

C14　でも，できない。

C15　97になっちゃうんだもん。❼

田中　なにを言っているの？　しゃべっている子はなにか考えているけれども，お任せになっている子がいるので，全員，起立。
　　　いま，残っているのは0，それからなにが残っている？

C16　6，7，9 ❽

田中　問題をもう1回，確かめるよ。今日の問題はなんですか。C17君。なにをするの，これを使って。

C17　九九表の中にある数で。

田中　だよね。九九表の中にある数を探せばいいんでしょう？つくるんだよね。本当につくれませんか。❾

C17　これ以上はつくれない。

田中　これ以上は，本当につくれませんか？

C複　はい。つくれません。

C14　つくれる。

田中　いまC14君は「なになにだったら，できる」って言ったよ。

C14　1桁台だったらつくれる。❿

田中　1桁台だったらつくれるって言っているよ。

C複　ああ。

田中　この次，自分が当てられたら，なにを言いますか。C15君。

C15　0を使うときは，5の段とかでしかできない。

かけ算九九(2) 第2学年

C複 そう,そう。
田中 待って。みんな,これに困っているの？ ⓫
C複 そう。
田中 0に困っているの？ こっちは？ はい,C16さん。
C16 もしこれを全部使おうとしても,全部はできない。
田中 全部はできないとC16さんが言ったんだよ。
C複 できる,できる。
田中 じゃあ,どこまでできるの？
C複 絶対できる。
田中 できるんだ。
C複 できる。
C17 このやり方じゃなかったら,できる。⓬
田中 さっきまで「できない」って言っていたじゃない。
C17 だから,5の段は30とかがあるから,そこで埋まって,24とかは他の数字にもできるから,そこは関係なくして。だから他の数とかで組み合わせれば絶対にできる。
田中 これじゃだめだけど,組み替えればいいのね。⓭
　　 ちょっと整理するよ。この数字カードを使って,九九表の中にある数をつくるというのが今日の問題だよね。一生懸命,つくっていました。やっていると,途中で「先生,大きいのからつくっていかないとだめだよ」と言い始めた子が出てきた。
C複 そう。
田中 「いやいや,0が不便だよ」と言っている子がいる。全部はできないということは,途中までならできるということ？ この続きをやったら,なにがあまるの？⓮
C複 たぶん9だと思う。
田中 9があまるの？
C複 9があまる。
田中 ちょっと待って,9って,かけ算九九表の中にない？⓯
C複 ある。
田中 あるじゃない。
C18 「くいちがく」
田中 あるよね。
C複 だめ,違う。
田中 なにを言っているの？
C19 二つペアにして答えを出してたけどさ,「くいちがく」だったら,1枚じゃん。
C20 でも多いと,9というのが70とか60の答えがないの

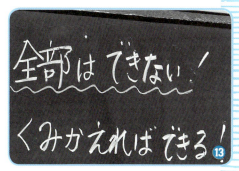
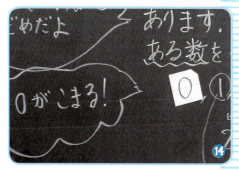

になっちゃうから，C15君とC16さんは，また最初からやったほうがいい。

田中　わかった。でも，どこにも「2枚でつくれ」って書いてないよ。

C複　なんで2枚だけなの？

田中　ああ，私がやったから？

C複　そう。

田中　私が悪かったのか（笑）。わかった。じゃあ，この中のどれかから解決するよ。こっち向いて。「全部はできない」って言って，いま君たちは全部を使おうとしているんだよね。

C複　うん。

田中　まずはカードを全部使おうという問題をやるよ。いい？　それでいまは2枚ずつ使おうとしているんだよな。⓰

C21　うん。

田中　でも1枚でも，できるだろう？　これはC18君が言ってくれた「くいちがく」だろう。

C複　あ，わかった。答えが見えた，先生。

田中　これは？

C複　「しちいちがしち」

田中　「しちいちがしち」だろう？

C21　でも，0があまっちゃう。⓱

田中　これは解決しないな。どれとどれからいくかというと…。

C複　はーい！

田中　この二つを解決することを先にやろう。いい？　カードを全部使いたい。0が使えないから，0をなんとか頑張って使おう。いい？　じゃあ，戻すよ。戻します。⓲

C22　ええ，一つだけあまっちゃうじゃない，どうしても。

田中　一つだけ，どうしてもあまっちゃう？

C23　もともと24という選択が悪いんじゃないの？

田中　誰だ，人を責めているのは（笑）。では，誰かに当てます。一番最初に自分が当てられたら，なにをつくるか，ノートに書いてごらん。⓳⓴

C24　はい，書きました。

⏱ **20分経過**

田中　一番最初に当てられたら，なにをつくるか。全部，使う。0が使えないというのが困っていることだよ。

C25　全部は使えない。

かけ算九九(2) 第 2 学年

田中　どこから始まる？　一番最初に。
C25　ええ？　0は使えない。
田中　最初になにをつくりますか。
C26　うーん。迷う。
田中　なにを迷っているの？
C26　0を最初に使うから。
田中　0を最初に使いたいんでしょう？
C26　それか，9を最初に使いたい。
田中　なんで9の話が出てきたの？
C26　だって，一番大きい数が……。
田中　なるほど，ここがあったか。これをまず，やろうとしているんだな。じゃあ，ここに書いておこう。「先に大きい数を使いたい」ということね。㉑
C27　ああ，1個できない。
田中　難しいな，これ。

> 授業はやはり難しい
> でもだから面白い！

例示の仕方は要注意！

　この授業の前半で私が苦労したことが一つある。それは課題のルールが子どもによってずれていることにあった。ある子は2桁の九九を使わなければいけないと最初から思っているが，問題では九九の中にある数とだけ言っているので，本当は1桁のものでも最初はいいわけである。でもよく考えると私が最初に示したものが24という2桁だったので，子どもたちはそれにつられたのだから自然だった。例示の仕方には注意が必要だ。本当はまずは1桁も使ってよいとして解決させ，次にすべて2桁にすることで最小の回数で解決していくという展開にしようと考えていたわけである。

　でもこの問題では，2と4が大切なポイントなのである。九九表の中に登場する数でこのゲームで注目してほしいのは9と7である。9は2桁だと49しかない。7は27と72しかない。つまり9は4とペア，7は2とペアにしないとこの問題は解決できないわけである。だからこそ，それぞれの数字とペアになる2と4を先に奪ってみせたというわけだ。子どもたちが困ったことを整理し，次の解決に役立てていくことをポイントにおいて授業を設計している。この題材はかつて私がNHKの算数番組でも紹介したものである。

C27　意外に，できないんじゃない？

田中　どれからでも，いいよ。「僕だったら，これにする」っていうのを聞くよ。なにをノートに書いたの？

C28　10

C29　同じだ。

田中　C28君はどうして10を最初に使おうとしたのでしょう。C28君が10を使いたくなった気持ちがわからない？

C複　わかる。

田中　ちょっとお隣同士で相談。
　　　（ペアトーク）㉒㉓
　　　じゃあ，聞くよ。はい，C30君，どうしてC28君は10を使いたいと思ったんでしょう。

C30　0がなんかやっぱり，さっきから0が困るとか，0が使えないとかってなっているから，0を先に消しておいたほうがいいと思った。㉔

C31　これは先に0を使わないと，できない。

田中　0を先に使わないといけない理由がある。本当？㉕

C31　九九表の中に，0が使えるのは5の段しかないんだけど。

田中　ちょっと待って。もう1回。

C31　九九表の中で，0が使えるのは5の段しかないんだけど。

田中　本当？

C31　だって5，0，5，0，5，0。だから0が使えるのは5の段しかない。他に使えるとしたら，「8×10」とか，「なんとか×10」にしないと，一の位に0が入らなくて。だから先に5の段の20とか，30とか，10とかを先に使わないと，答えが出ない。0が最後に残っちゃう。㉖

田中　はい。5の段を言ってみよう，5の段。全員，いくよ。5の段，言ってごらん。せーの。

C全　5×1＝5，5×2＝10，5×3＝15，5×4＝20，5×5＝25，5×6＝30，5×7＝35，5×8＝40，5×9＝45！㉗

C32　先生，2の段にもある。2の段にもある。

田中　2の段にもある？　ほら，2の段にもあるって言っているじゃん。
　　　はい，全員，起立。2の段にあると思う人，座って。

C33　2の段にもあるけど…。

田中　2の段いくよ，せーの。㉘

C全　2×1＝2，2×2＝4，2×3＝6，2×4＝8，2×5＝10，2×6＝12，2×7＝14，2×8＝16，2

かけ算九九(2)　第2学年

×9＝18！

C34　でも……でも先生，2×5だから，先に全部使わなきゃいけないし。0を使わないとしたら，5の段。

田中　使ったじゃん。

C35　0も全然使える。

C34　2の段に「2×5＝10」で，0がついて，4の段にも「4×5＝20」で0がついて，5の段にも「5×6＝30」とかで0がついて，6の段でも「6×5＝30」で……。㉙

C36　2の段に「2×5＝10」，0がつくじゃん。で，4の段にも「4×5＝20」で0がついて，6の段にも「6×5＝30」で0がついて，8の段にも「8×5＝40」で0がつく。㉚

田中　5はなんだ，5は？

C37　すごいことを発見した。結構すごいこと発見した。

田中　わかった。ちょっと待って。発見した？

C37　発見した。すごい発見。恐竜の化石ぐらい。

田中　恐竜の化石と同じぐらいの発見？

C37　うん！

田中　訴え方がうまいな（笑）

C37　だから「5×8＝40」とかもあるんだけど，もっと反対から言えば，全部5の段になるから。

田中　じゃあ，5の段で，いろいろあるんだな。

C複　10

田中　それから？㉛

C複　20

田中　それから？

C複　30 ㉜

田中　それから？

C複　40

田中　それから？

C38　50

C39　50はないよ。

田中　ないのか。C40さん，言ってごらん。どうぞ。

C40　50になっちゃうと，もう10の段になっちゃうから。㉝

⏱ **30分経過**

田中　ということは，このどれかを使えば0は解決だな。どれを使う？

C41　40

田中　40を使いたい。

C41　だって先生，小さい数と小さい数でやっちゃうと，大きい数が最後にあまっちゃうから，だからなるべく大きい数と小さい数を使ってやる。

田中　よし。じゃあ，C41君の作戦に全員でつき合うよ。いいかい。40からスタートする。残りが1，2，3，5，6，7，8，9だよ。

C42　あ，わかった。

田中　2回目，誰かに目の前でやってもらおう。C42君。九九カードをなにかつくってごらん。つくれるかな。㉞　28，35…これでいけたね。ほら，できたじゃん。次は，C43さん。続きをお願い。

C43　ええと，いまはここ？

田中　あと1，6，7，9がある。

C複　できないよ。無理，絶対，無理。

田中　いまはC43さんがやっているの。どう？　できないか。

C43　ううん，できる……。㉟

田中　2の段を順番に言ってごらん。

C43　2×1＝2，2×2＝4，2×3＝6，2×4＝8，2×5＝10，2×6＝12，2×7＝14，2×8＝16……。

C44　途中の数がだめなんじゃない？㊱

田中　どういうこと？

C44　だから，たとえば40とか28とか。

C45　C41君のやり方は合っているんだけど，みんなが小さい数を使った。最後に9が残ると，絶対にできない。

田中　じゃあ，40はいいけれども，あとがまだちょっと作戦がだめだったんだな。

C46　作戦がだめっていうか，9を残す。

C47　81以上の答えになると，九九表の中の答えに81までしか答えがないから，最後に9を残しちゃうと，97とか，81より大きい数になっちゃう。

田中　C47君はどの数に目をつけてやろうとしている？　次に気をつけたいと思っている数はなんだろう？㊲

C48　9

田中　9。どうして9に目をつけたのでしょう。

C48　一番大きいのが81だから，それ以上の数になっちゃうとできないから。㊳

田中　じゃあ，9はないんだな。

かけ算九九(2) 第2学年

C複 ある！
田中 よし。絶対にしゃべらないよ。いい？ 9が使えるかどうか，いまから考えるよ。9をこれで使えばいいというのを思いついたら，静かに立ってごらん。9はないかもしれないから。㊴

C49 絶対，ある。
C50 ヒントは使えないの？
田中 ヒントね。よし，言ってくれる？
C50 7の段。
田中 ゆっくり言ってみよう，あるかどうか。いいか。先生と一緒に，ゆっくり言うよ。せーの。
C全 $7 \times 1 = 7$, $7 \times 2 = 14$, $7 \times 3 = 21$, $7 \times 4 = 28$, $7 \times 5 = 35$……。㊵

田中 はい，ストップ。出てこないぞ。じゃあ，近づいてきたら，だんだん声を大きくしてな。いくよ。せーの。
……はい，座る。あったなあ。あった。ここからスタートだな。よし，わかった。
C51 先生，やりたいんだけど。
田中 今度は話が「9を使ってつくり始めるといい」と言いました。これはさ，最初にみんなが言っていた「先に大きいのを使おう」ということの解決にもなっているな。
C全 うん。
田中 なるほど。じゃあ，これで先に大きい9が消えたぞ。

子どもいきいき！授業の様子

次はなんだ。よし，この続き，じゃあ，自分一人でやってごらん。いいよ。パッと見たときにわかるようにしよう。他の人がノートを見てもわかるように書こう。一つできたら，他にないかも探してごらん。㊶

（自力解決）㊷

C52　……わからない。

田中　わからない？　どこまでやった？　この次は？　できた人と，ちょっとまだ困っている人がいるので，困っている人。はい。C52さんはなにに困っている？　次，なにを使おうと思っている？

C52　0

田中　0だよね。0の話題があった。ほら，0はここにあるぞ。どれを使う？　40は？　これは4を使ったから，もうだめだな。じゃあ，このあと0を使うために，どれをみんなは使ったか，手を挙げて。10を使った人？　20を使った人？　30を使った人？

C複　はい！

田中　なんで10は使わないの？㊸

C53　ええと，少ない数だと，大きい数がなんか困っちゃう。

田中　さっき困ったもんな。

C53　10を使うと，ここがだめになるから，そうしたら2は25でもあるけど，そうしたら36で，78はできないから，他のやり方でやって…。㊹

田中　ちょっと待って。すごく早いので。ゆっくりいこう。10を使っちゃうと…。

C53　たとえば27を使うでしょう。で，35を使って，68はできないからあまっちゃうし，25で36で，78だからできないし。

田中　ちょっと待って。いいかい。C53さんの話が2回ありました。C53さんの話で，2回とも実は使えなかった数があった。それを見ていましたか。

C複　はい。

田中　いくよ。もう1回，C53さんを巻き戻すからね。いいね。C53さん，もう1回どうぞ。㊺

C53　まず27にして，それから35にして。

田中　その一つ目を動かしてみよう。

C53　27にして，35にしたら，68はできないから…。

田中　いま，なにが残った？

C54　6と8 ㊻

かけ算九九(2) 第2学年

田中 じゃあ，2回目の話を聞くよ。
C53 それでまたこうつくってやると，25として，36だと78で，またできなくなる。
田中 なにが残りましたか？
C55 8
田中 8が残ったな。8が使えない。8って，九九表にないの？
C56 あります。
田中 8はどこにある？ 九九表の中に8が出てくるの，一つでもいいから，思いついたら立ってごらん。❹❼

C複 これ，使ってる，使ってる。
田中 なんで，これが使えないのか調べよう。なにを思い浮かべた？
C57 81 ❹❽
田中 81を使えばいいじゃない。なぜ，使えないの？
C58 だって使っちゃってるから。
田中 ここで使っているからだな。81はだめだ。他に。
C59 28 ❹❾

田中 28，使えばいいじゃん。❺⓿
C60 でも，でも8がだめ。
田中 そうしたら他があまる。28いくよ。そうすると……。
C61 35
C62 だめ。
田中 いまずっと，なにが一人ぼっちになった？
C63 7
田中 7も，なんかどこにあるかわからないな。いったん，落ち着こうか。8に目をつけてやろうとしたときに，実はもう使っているのがあったから困ったんだよね。
　「私，こうやったらできたよ」っていうのはある？ 次になにを使ったんだろう。4と9は使うんだよね？

C複 うん。
田中 この次，なにを使った？ 2番目，なにを使う？
C64 8と1
田中 8と1。わかった。そうするといま使えないと言った8を先に，優先的にやったんだ。
C65 反対でやった。

田中 ちょっと待って。これは，ほら，みんなが「大きいのを先に使っていかないとだめ」っていう話ができたな，ね。さっき「8も困るよ」といった話も解決したな。

(51)

(52)

(53)

(54)

(55)

C複　うん。

田中　次，なにをやる？

C66　0！

田中　ずっと 0 の話が出ているね。じゃあ，どれを使うか。

C67　30

田中　10 は？(51)

C68　10 はだめ。

田中　だめだな。20 は？

C複　だめ。

C69　7 が困る。

田中　ああ。20 を使うと，7 が困る。だから 30 にいこうとするわけね。じゃあ，30 いくよ。

C70　できた！

田中　ゴールが見えた？　残り 2，5，6，7 だ。(52)

C71　わかった！

田中　残り 4 枚だよ。いまからここに来て，次にカードを 2 枚取りたい。その取る 2 枚だけを想像しよう。想像した？　手は挙げなくていいよ。想像した？

C全　はい。

田中　まず，どれ使う？　C72 さん，どれか 1 枚取ってみよう。みんながね，それが使えるかどうか，きっと教えてくれるから。はい，7 をつかみました。(53)

C複　それ。

田中　いける？

C複　うん。いける，いける。

田中　さあ，7 がある。7 なんて，あるか。

C複　ある，ある。

（72 をつくる子ども）(54)

田中　72 ってある？

C全　ある！

田中　では，あとは？　「せーの」でいくよ。せーの。

C全　56！

田中　56 は九九にありますか。(55)

C全　「しちは」と「はちしち」。

田中　じゃあ，今日見つけたことをノートにちゃんと書いておきましょう。書き終わった子は，他に答えがないかどうかだけ，チェックしておいて。終わります。

授業アルバム

　2年生の子どもたちが，お互いに困ったことをたくさん出し合って解決を楽しんだ45分でした。大勢の先生たちに囲まれた研究会の日でしたが，緊張もなく自由にのびのびしていました。でも，あまりに熱中し過ぎたので，途中でお口にチャックして友達の話を聞く，そんな時間も取りました（笑）。でも，これがまたかわいい！

第3学年

3桁のひき算

1. 授業のねらい　3位数−3位数の計算に取り組む活動を通して答えの数に面白いきまりがあることを発見し,探究していく活動を楽しむ。

2. 授業の位置づけ　計算技能の習熟の場面。

3. この授業で育てたい力

　計算の学習では,やはり技能の習得も大切な課題である。もちろん,今回の学習指導要領(平成29年版)では,資質・能力ベースの授業への改善が謳われていて,計算をひたすら繰り返すような学習は必要ないと識者は口をそろえて言う。社会生活の中では確かに人間が計算をみずから行う場面はほとんどないと言ってよいが,小学校現場にその実態が反映されるまでにはまだ時間がかかる。そこで,計算の技能を高めながらも,子どもたちに探求していく力を育てることをこの授業では目標にしてみた。

　写真の児童は2年生であるが,本来2年生で扱うのは簡単な場合であるので,新学習指導要領では3年生の児童と行うことが適していると思われる。

　本時の問題のようにひき算をリレーしていくと,最後はいつも495になってしまって,あとは同じことが繰り返される。カプレカー定数と呼ばれるものである。インドの数学者カプレカーが少年時代に発見したと言われるものである。子どもたちに,カプレカーが味わった面白さを追体験させてみたいと考えて行った。

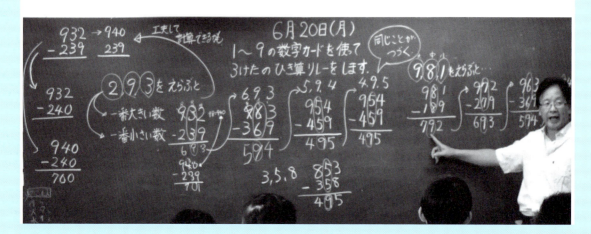

第3学年

START

田中　問題文を書きますね。いいですか。❶
　　　……さて，これだけ読んで，なにをするか想像つく？
C1　え？　わかんない。
田中　わかんないよね。
C2　競争するのかな。
田中　ああ，リレーってあるもんね。
C3　ひき算の……。
田中　ちょっと，3桁のひき算をつくるから，数字カードはいま出さなくていいです。数字カードは何枚いる？
C4　9
田中　なるほど。3桁の数字をつくるには，何枚いる？
C全　3枚！
田中　3枚選べばいいね。ちょっと3枚，選んでもらうね。好きな数字を選ぶだけだよ。数字カードは出さなくていい。もう一度言うよ。今日は数字カードを使いません。数字カードがあると思ってください。
　　　今日は，それを当てはめてつくるのではないです。ちょっと好きな数字を言ってもらおう。はい，どうぞ。
C5　2
C6　9
C7　3
田中　はい。2，9，3を選びました。❷　これを3人が自由に選んだだけだよ。この数字カードを使って，つくることができる一番大きい3桁の数はなんでしょうか。
C全　はい！❸
C8　932
田中　932。いいですか？
C全　はい。
田中　では，同じ2，9，3を使ってできる一番小さい数はなんでしょうか。
C9　239
田中　239。いいですか？
C全　はい。
田中　これをひき算します。❹　皆さん，ノートにひき算をやってみてください。久しぶりだから，忘れているかもしれないけどね。❺　計算が終わったら，立ちます（多数起立）。お，早いね。他の子がひき算の仕方を忘れているといけないので説明できるように準備しておいてね。誰かこ

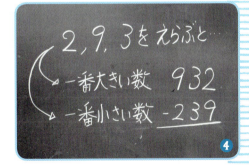

031

　　　　こに出てきて，計算の仕方を説明してくれる？

C全　　はい。

田中　　じゃあちょっとお隣と練習しますので，男の子が説明してみます。もしも男の子が困ったら，女の子は助けてあげてください。そこ3人ね。はいどうぞ。❻❼

　　　　（ペアトーク・30秒）

　　　　よし，上手だったかな。じゃあちょっとみんなの前で，お話ししてみましょう。いま当てられたら困る人？

　　　　よし。じゃあさ，お隣のC10ちゃん。あなただったらどう説明するか，ちょっとやってください。

C10　　みんなの場合は，よく1年生とかそういうときのひき算の場合は，繰り下がりでやっていたけれども，そうやる前に，こういうきっちりした数じゃなくて，こういう中途半端な数よりもきっちりした数のほうが計算しやすいから，まず932を940にしちゃう。

　　　　8をたして940にして，940－239にして，これが10になって，それで9ひいて1になって，ここが繰り下がったから3になって，3－3で0になります。そして9－2で7なので，一回701になります。❽

10分経過

田中　　ちょっとストップ。C10ちゃんは，932だと面倒くさいから，940にしてやりました。

　　　　いい？　聞くよ。でも本当にやりたいのは932－239なのです。本当の答えは701よりも大きくなりますか，小さくなりますか？❾

C全　　小さくなる。

田中　　なぜ？

C11　　この問題はひき算だから。❿

田中　　ひき算だから？　ひき算だから小さくなるの？

C全　　違う。

田中　　じゃ待って，待って。まだだよ。もう1回聞くよ。ひき算ってさ，どんなお話場面でよく使ったっけ？

C12　　なくなる。

田中　　なくなる。他に。

C13　　ひく。

C14　　食べちゃう。

C15　　捨てる。

C16　　売る。

3桁のひき算　　第3学年

C17　残り。
C18　公園から人が帰る。
C19　駐車場にとまっていた車がいなくなる。
C20　本の問題。
田中　本のページね。932ページあって239ページ読みましたとか？　はい，他に。⓫

C21　折り紙。
田中　折り紙。932枚，折り紙があって……。⓬
C22　932円自分が持っていて，それを239円で…とか。
田中　お買い物の話ね。いっぱいやったよね。
　　　932円持ってます。239円の買い物がしたいの。それを940円持っていることにしてお買い物をしたの。お釣りが701円となりました。でも本当に持っているのは932円です。ではお釣りは多くなりますか，少なくなりますか。

C全　少なくなる！⓭
田中　本当かな？　想像してごらん，お話を。⓮
C23　932は本当なんだけどそれを40にするから，まず40にするには，8の差があるから，本当は40じゃないから，701にひいて8やったら，本当のお釣りになる。
田中　本当の値段は多くなるの，少なくなるの？
C全　少なくなる。
田中　少なくなるのでいい？　いくら少なくなりますか。
C全　8円。

田中　じゃあまた701から8円ひくという，とても面倒くさい計算になるぞ。
C24　そしたら239に1たして，そこからひいて，その答えに1たせば早いんじゃない。
C10　だったら，この940から，あのC24君のアイデアをもらって，この239も240にしちゃえば。
田中　わかった。ちょっと待ってよ。いま計算の仕方だけでこんなに出てきたわけね。⓯
　　　この計算は大変だから，932 − 239をだよ，ここを940にしてひいちゃおうというアイデアと，下を932 − 240にしてひいちゃおうというアイデアがあるわけだ。

C全　両方40にしちゃえばいい。
田中　両方40にするのか。940 − 240。答えはいくつ？
C全　700　⓰
田中　700。しかし，これからどうするんだ。これから。

033

　　　　　工夫して計算すると考えたわけだな。でもいま，みんなやってみたけど，実際に使おうとしたら大変だよね。
　　　　　じゃあちょっと待つよ。C10さん，計算の仕方を忘れている人がいるから。普通に計算するとどうする？
C10　まず一の位から計算して，2－9はできないから，その2に十の位の30から10を借りてきて，ここが20になります。一の位の2のほうに10を借りて，12になります。そして12から9をひいて，3になって，また十の位の繰り下がったところから，2－3をしたいのですがまたひけないから，この百の位の9を8にして借りてきます。これをたして12になって，また12－3で9になります。
　　　　　その繰り下がった百の位と239の百の位をひいて6になって，答えは693。わかった？（拍手）⓱
田中　いい？　ありがとう。
　　　　　工夫する方法はまた今度，違う問題のときにやろう。普通の計算の仕方わかった？　思い出した？　本当？
C全　はい。
田中　もう1問やっても大丈夫？　でもこれは，リレーって言ったよね。リレーってどうするんだと思う？⓲
C25　693－なんとか？
田中　いま693が出てきました。実はこれを使います。⓳
　　　　　今度は6，9，3が使えるよね。意味がわかっているかどうか，ちょっと聞くよ。いい？
　　　　　次の計算問題はなにになるでしょう。
C26　3，6，9
田中　3，6，9？　小さいほうか。
C27　963－369
田中　同じように思った人？
　　　　　今日は選んだ数字を使って，一番大きい数をつくり，同じ数字を使って一番小さい数をつくってひき算したの。
　　　　　そして答え，6，9，3が出てきたから，これを使って一番大きい数，一番小さい数をつくったの。それでまた答えが出るでしょ。そしたらまた今度はこれを使って……。⓴

🕐 **20分経過**

C28　そういうことか。
C29　意味がわかった。
田中　また次これを使って，といくのでリレーなんです。㉑
C30　なるほどー。

3桁のひき算 　第3学年

田中　じゃあもう1問，ちょっとまだ計算を忘れている人がいるから，もう1問いまから一緒にやるよ。いいかい？963－369，自分のノートでやってごらん。どうぞ。できた？　よし，C31君，どうぞ。㉒

C31　594。できるようになった！

田中　できるようになった。

C全　いえーい（拍手）

田中　いいね。みんな，やり方がわかった？
　　　そしたら今度はまた5，9，4を使ってひき算をつくるんだよ。今度は5，9，4で一番大きい数字をつくって，一番小さい数字をつくって，ひき算をして答えが出たらまたリレーだよ。いい？　ルールがわかった人？㉓

C全　はい！

田中　ではいまから誰が長く続けるかいきますよ。
　　　よーい，始め。
　　　（計算に取り組む）

C32　……ええ？　うそ，うそ，うそ。

C33　なんかおかしい。

田中　どうした？　計算ができないってこと？

C34　違う。

C35　いやいや。

C36　いや，おかしい！　おかしい！㉔

田中　なに？　ちょっとストップ！　なにが起きた？

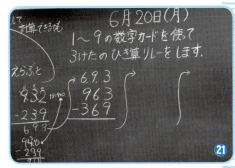

予定外の話題に戸惑う

　ルールを伝えてすぐに始めようとしたら，実は3位数のひき算の仕方を忘れてしまっている子も何人かいた。写真1から17までは，難しいひき算を計算するのにどうしたら楽になるかという計算の工夫についての話し合いが始まってしまった。これは予定外である。しかも授業者としては後半のきまり発見に重点を置きたいのでなるべく早く終わらせたい話題だった。

　だが，よく考えてみると，クラスの中に計算が苦手な子がいて，このルールで行う計算ができないとすると，肝心の面白さも味わえないことになる。だからこうした場面を活用して既習事項の復習をする場面を設けることは現場には必要なことだと考えるのである。

　本時においては結果として計算の工夫の話題は共有するのに難しかったが，計算の仕方の復習そのものをすることはできた。

> 授業はやはり難しい
> でもだから面白い！

C37　3回やった。

C38　私も3回やっちゃった。㉕

田中　C39ちゃん。

C39　最初の数が答えになって，また同じ数を繰り返す。答え。

田中　ん？　どういうこと？　言ってることがわかる人？

C40　これで9，5，4になるけど。

田中　うん。9，5，4になる，はい。

C40　4，5，9。そしたら……。

C41　意味がわかった。

C40　4，9，5になって…。

田中　4，9，5になって。いいじゃん。できてるじゃん。

C40　そしたらまた，9，5，4で同じ数になっちゃうから，この計算を繰り返さないといけない。

田中　4，9，5になって，一番大きい数をつくると…。㉖

C40　9，5，4と4，5，9で，全く一緒の計算を，もう1回やらないといけない。

田中　そういうことか。リレーができなくなっちゃったんだ。㉗ 計算練習をやろうと思ったのに，最初に選んだ数がちょっと悪かったね。誰が選んだんだっけ。そこ3人。あの3人のせいです（笑）

C6　違うよ。たまたまじゃん。

C7　たまたまじゃないよ。全部の計算でもなる。

田中　そんなことはないでしょ。ちょっと誰かやってみようか。好きな数字は？㉘

C42　9

C43　8

C44　1

田中　9，8，1。これは大丈夫そうかな。㉙

C45　たぶん。

C46　たぶんだめだと思うよ。

田中　9，8，1を選ぶと，どうなるか。よし，調べてください。

C47　うわー，やばいよ。

田中　今度は大丈夫かな。ああ，大丈夫だね。

C48　そう，そう……。

C49　やばい！　これはやばい。

C50　まさか。まさか！

C51　1回持ちこたえたよ。

田中　最初は大丈夫だった？　981－189だから，答えは

3桁のひき算　第3学年

792。いいじゃん。
C52　もう繰り返し。
C53　先生，4回くらいでできなくなった。
田中　また，だめか。❸⓪

C54　9，5，4が来ちゃうと，だめなんじゃない。
田中　9，5，4が来ちゃうとだめ。
　　　ちょっと待って，ここ教えて。これいくつ。
C全　693
田中　大丈夫じゃん。
C全　次！　次！
田中　次？　963－369。いいじゃん。
C55　どうせ一緒になる。
田中　この答えはいくつ？
C全　594
田中　594。この次は？❸①

C全　954
C56　うわー。❸②
C57　先生。なんでこうなるかわかった。
田中　なんでこうなるかわかった？　偶然だろ，だって。
C58　わかった！
田中　ちょっと待って。いま最初は，2，9，3で始めたの。で，だめでした。今度9，8，1でだめでした。じゃあちょっと違う数字にしよう。

C59　9がつかないもの。
C60　それいい！
C61　3
C62　5
C63　8
田中　3，5，8。誰か9がつかないものって言ったよね。なんで？❸③

C64　選んだやつが，全部に9がついているから，それで。あとは，あの場合は繰り下がるときに，その十の位と一の位だけだけど，繰り下がると14になるから，14－なにかをすると。

⏱ 30分経過

田中　だから9を選ばなかったら大丈夫だろう。3，5，8。
C65　やってもいいですか。
田中　いいよ。今度は続くと思うよ。

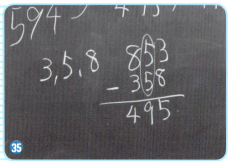

C66　でも5が入ってる。
田中　5が入るとだめ？
C67　4，9，5になった，一番最初。
田中　はい？
C68　つまり4，9，5が……。
田中　ちょっと待って。9を選んでないのに9が出るわけないじゃん。
C全　出た！ ㉞
田中　もう出ちゃったの。
C69　また出た。十の位に出た。
田中　あらそう。853 − 358。答えは？
C全　495 ㉟
田中　だめじゃん。
C70　いままで使ったことない数のほうがいいんじゃないかな。
田中　おお，よし。いままで使ったことない数でやれば大丈夫だって。…ちょっとストップ。
　　　いまね，C70君はここを見ていて，なにか面白いことに気付いたらしい。
C71　はい！　私も。
田中　ずっといろいろ試してみてたけど，ここにきてなにか面白いことがあるよ。なんだろうね。はい。

C70　真ん中の数が全部，同じ。㊱
田中　ん？　真ん中の数が全部同じとは，どういうことだ。なにを言っているんだと思う。ちょっとお隣で相談。㊲
　　　（ペアトーク）

田中　たぶん，言ってることが違うんじゃないかと先生は思う。
C72　二つに分かれる。㊳
田中　待って。ちょっとC72君がみんなが言っていることは二つに分かれるんじゃないかって。よく聞いてみよう。
C72　これで9，8，1の十の位は8で，1，8，9の十の位も8で，これが一つ目で。
田中　ちょっと待って，いまのに気付いていた人？
C多　はい！
田中　真ん中が同じって，そこだったんだな。でももう1個あるってよ。はい，どうぞ。
C72　もう1個は，答えの十の位も全部9 ㊴

C全　ああー。
田中　そっちも見てたのか。では真ん中の数が同じかどうか確かめるぞ。ここは，3と3。同じ？

3桁のひき算　第3学年

C全　同じ。
田中　6と6，同じ？
C全　同じ。
田中　5と5，同じ？　これも5と5だな。これは8と8。7と7，6と6 ㊵
C全　同じ。
田中　なるほど，こうなってる。もう1個，なんだ？
C73　全部上の百の位が……。
田中　C72君は，そんなことは言ってないよ。お友達の話を聞くのは難しいな。C72君は同じ数の話をしたんだけど，これ以外にもう1個あるよ，って言ったの。それはなんだったでしょう。はい。
C74　百の位と一の位が……。
田中　そんなこと言ってないよ。いいかい，君たち。自分でいろいろ見つけることはできるよね。それはすごいと思うけど，人の話をちゃんと聞こう。C72君，もう1回いこう。

子どもが動く！授業を創るポイント

子どもと真摯に向き合う対話の時間

　低学年を担任した先生ならばみんなよくわかると思うが，彼らとの対話はエネルギーをかなり使う時間となる。この時期の子どもたちは発言しながら言いたいことをつけ加えたり別の話題にしたりするからである。だからここでの教師の対話力には整理するという力が必要になる。

　例えば，写真37のところもそうで，子どもが言っている「真ん中が同じ」には実は二通りの話題が入っている。だからどちらの数字を見て話していると思っているのかによって，伝わる子どもと意味がわからない子どもが生まれる。私は子どもたちのペアトークを聞きながらその事実に気が付いた。だから子どもたちにそれを意識させたわけである。

　やっとC72の発言につながる。新学習指導要領で求める対話の力には，子どもと子どもの対話の授業を目指していると理解されるのだろうが，こうしてまずは教師が子どもと懸命に対話し，聞き取り，価値づけ，整理していくという時間が必要である。いわば子どもに対話の見本を見せている時間と言ってもいいだろう。

C72　すべて，ここも9だし，ここも9だし，ここも9

田中　わかった？　この二つを言ってたんだよ。これは偶然？

C全　違います。

田中　偶然じゃないの？

C75　前にやってた，たとえばだけど，これが大でこれが中でこれが小だと考えると，一番大きな数と，一番小さな数が，中は絶対に真ん中になるはず。

田中　なるほど。だからここがいつも同じになるのは，普通なんだな。……え，ここも同じなの？　なら，答えが間違ってないか。計算間違いしてない？㊶

C全　あ！　あ！

C76　一の位が繰り下がると，十の位が70に変わるから，だからそれで繰り下がりがあって，そしたら下の数のほうが大きいから，隣からまた借りてきて，それでその下の数とひくと9になる。だから繰り下がると，繰り下がってそのひく数が同じだと必ず9になる。

田中　さあ，なにを言ってるでしょう。C76君は今日，一番すごい話をしているよ。

C77　わかった！

C78　え，意味がわからない。

田中　わかった？　C79君，言いたいことがある？　どうぞ。

C79　ここが同じなると，大，中，小のカードで，一番大きい数と一番小さい数だと，こことここが逆になって，そしたら真ん中の数は同じになるはずで。端っこだと一番小さい数－一番大きい数はできないから，隣から借りてくると7になって，計算しても次で百の位から1個借りてきて，17－8とか，○○－○○で，絶対に9になる。㊷

田中　わかる？　真ん中の答えが9になる理由を説明してくれたんだよ。いまからノートに書いてごらんって言ったら，書ける人？

C全　はい。

田中　よし，では全員起立。いまからノートに書けるように，隣同士でちゃんとお話を伝え合う。いいね。もしも隣同士で無理なら，前，後ろの人に頼ってもいい。書けるようになったら座る。どうぞ。㊸㊹㊺

　　　（ペアトーク）

田中　偉い。わかったふりしないで，最後まで頑張って聞いたから伝えられたんだよ。書けるから座ったんだよね。今度それを見せてもらいます。いいね。じゃあ休憩します。

授業アルバム

第3学年 かけ算2

1. 授業のねらい
11をかけるかけ算のきまりを発見し，その仕組みを理解する。

2. 授業の位置づけ
2桁のかけ算の筆算を学んだあとで，その筆算の形式の意味をもう一度振り返らせることを目的とする場面。きまり発見の活動が反復する計算練習を兼ねている。さらには仕組みの発見で，きまりの理由を説明していく論理的な思考力を育てることを期待している。

3. この授業で育てたい力
2桁の筆算の形式を学ぶときには，最初は苦手な子どももいる。そこで練習の段階で11をかける計算を取り入れると改めてその仕組みがよく見えるようになる。1をかける計算を使うので，かけ算九九が苦手な子どもがまだ多いと考えるならば，導入の段階で扱ってもよい。形式を学ぶことに目的を絞るか，きまりを見つけることに使うかによって取り入れる時間は変わる。

子どもたちと計算に取り組んでみると，すぐに答えに面白いきまりがあることに気が付く。このきまりの発見が計算をいくつも試してみたいという気持ちを引き出す。子どもたちの探究活動が計算練習にもなっている。技能と探求の態度の両方を期待することができる。

第1時

第2時

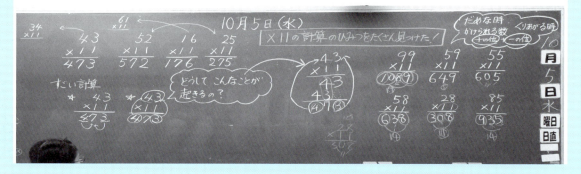

第 3 学年

第1時 **START**

田中 じゃあノートを開いてください。今日は机の上にはノートと筆記用具だけでいいよ。いま2桁のかけ算の筆算を始めたよね。今日はそちらをやります。
　　　（問題を板書）❶
C1　先生，答えを書いちゃっていいんだよね。

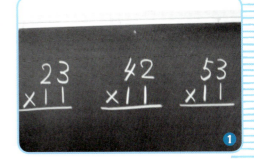

田中 いいよ。じゃあ，そうだな。3問やります。
C2　もう答えを書いていいの？
　　　（自力解決）❷
田中 いいですよ。もう1問かな。
C3　どんどん解いていいですか。
田中 いいよ。終わって答えに自信がある人は静かに立ちましょう。慌てなくていいからね。❸
　　　……よし，じゃあこっちを向いてごらん。運動会もあったし，計算の仕方を忘れちゃったかな。

C複　覚えてる！
田中 覚えてる？　難しかった？
C複　これ，簡単。簡単。
田中 簡単？
C全　はい。
田中 そう。簡単だった人？
C全　はーい。❹
田中 どうして簡単なの？
C4　11をかけているから。
田中 ちょっと待った。11をかけると簡単なの？　なんで？
C複　はーい。はーい。

田中 C6君，11をかけていると簡単だって。なんでだろうな。ねえ。ちょっと聞いてみようか。はい。なんでか言える人？
C5　11をかけるから，下からかけるとやりやすくて，そうすると23×11の場合，1×3と1×2で，つけてって，11をかけると全部1の段だから。❺

田中 C6君，聞こえてた？　なんて言ってかな。C5君，もう1回言ってくれる？
C5　1×3と1×2で，11をかけると1の段になる。
田中 C6君，最初にやるのはなんだ。C5君はいま最初にやるのはなんだと言いましたか。
　　　おいで。最初にどこをやる？　指さしてごらん。1×3をやるんだな。はい，そうすると答えはいくつ？

C6 3 ❻

田中 次はなにをやるんだっけ。あれは？ 本当は2じゃないな。なんだっけ。

C6 20

田中 20だな。20×1をやる。そうすると？ そこでなんて書くんだ，最初？

C6 ……。

田中 その次が困ったんだよな。その次はなにをやる？

C6 3×10

田中 10かけるからいくつ？

C6 30 ❼

田中 それから？

C6 20×10

田中 いくつ？

C6 200

田中 合わせると？ これとこれを合わせると？

C6 230

🕐 10分経過

田中 よし！ これのあと，続きをやっておいで。じゃあ1番の答えはいくつになるか言えるかな？ 23×11

C全 はい。❽

田中 みんなはもうやったんだよね。はい，どうぞ。23×11の答えだけ教えてください。❾

C7 253

田中 C6君，合ってるかな。253

C6 うん。

田中 よし。では，2番目いくよ。42×11の答えだけ教えて。はい，どうぞ。

C8 462

田中 462。いいですか。

C全 はい。

田中 3番目，53×11。はい，C9君。

C9 583

田中 583。大丈夫だった？

C全 はい。

田中 では，これからもう3問いくよ。準備はいいかな。先に問題だけ書くので，まだ計算はしないでください。いくよ。まだ計算しちゃだめよ。❿

かけ算2（第1時） 第3学年

はい，問題だけ書いた人。ではどうぞ。
（問題を板書・自力解決）⓫

C10　先生，これ，すごいね。
田中　うん？
C10　この計算，すごいね。
田中　なんで？
C10　答えがすごいね。
田中　この計算，答えがすごい？　なにを言っているんだろう。
C11　やばいよね。⓬
田中　なになに？　ちょっと待って。いまね，「先生，この計算，すごいです。この計算，答えがすごいんです」って言っている子がいるよ。ちょっとなんのことだろうね。
　　　まずはすごいと言っている答えを聞いて書いてみるよ。いいかい？　みんな，ここまでいったん終わったよね。
C複　はい。

子どもが動く！授業を創るポイント

帰納的な発見から演繹的な説明へのステップアップを意識して

　この授業記録だけは2時間連続の授業となっている。1時間目はきまりを発見することが目的となっている。きまり発見はこの学年の子どももとても喜ぶ。しかし，その理由を説明する活動になると，途端に苦手な子どもが増える。

　11をかける計算というシンプルな場面を使って，きまり発見だけの活動で終わるのではなく，そのきまりの仕組みを論理的に説明していく活動を，この学年からも意識して体験させていきたい。きまりと仕組みを相互に見比べていくと，いくつかの事象の中でのきまりの発見，例外の発見，例外のデータにおけるきまりの発見，すべてを見たときのきまりの発見と見方・考え方が成長していくのがわかる。

田中　新しくつけ加えた問題，まだ途中でもいいです。全体に聞いてみますよ。41 × 11 の答え。すごい答えっていうのを言ってもらおう。

C複　はい！　はい！ ⓭

田中　答えだけ読んでごらん。せーの。

C全　451！

田中　その次，せーの。

C全　363！

田中　その次，どうぞ。

C全　286！

田中　計算はみんな，できるようになりました。ちょっとまだ遅かった人も，ここまでできていたらいいよ。

C12　すごいなあ。

C13　なんでこうなるんだろう。

田中　ちょっと静かに。まだ言っちゃだめだよ。

C14　言いたい。なんか気付いた。 ⓮

田中　この計算，答えがすごいと言い始めた人がいました。するとお友達が「なにがすごいの？」って質問している人もいました。なにがすごいんだろう。

C15　全然わからない。

田中　答えの数字を見てなにかすごいことがあるんだって。 ⓯

C複　はい！　はい！　わかった！

田中　わかった？　じゃあ全員起立。
　　　答えの数字，じっとにらめっこしよう。なにがすごいんだろうね。
　　　もう1回聞くよ。普通だよね。

C16　普通じゃない。

田中　なんかがあるらしい。一緒に読んでみよう。せーの。 ⓰

C全　253，462，583！

田中　にらめっこした？　なにがすごいんだ。せーの。

C全　451，363，286！

C複　わからなーい。

田中　なんだろう。なんかあるって，計算の答えに。

C17　なんとなくわかった。

田中　なんか見つけた人？ ⓱

C複　はい。はい。

田中　増えたね。12人か。君たちは座っていいよ。じゃあ座っている人，立っている人たちに「ここを見てごらん」って言ってあげるとわかるかもよ。ちょっと待って。

かけ算2（第1時） 第 3 学年

まだ言っちゃだめだよ。
　なるほど，皆さん，教えにいこうとしたんだな。では，C18 さんの話を聞くよ。どうぞ。
C18　ヒント？
田中　うん，ヒント。
C18　端っこ見て。⓳

田中　端っこ。どう？ C18 さんの話，聞いてた？
　もう1回いくよ。立っている子は聞くんだよ。C18 さんが「ここ見てごらん」って。どうぞ。
C18　端っこ。
田中　端っこだって。
C19　どっちも。
田中　どっちも。端っこ。どっちも。
C19　端っこ，端っこ，真ん中ってやる。
C20　あぁー，わかった！
田中　そういうことなの？ 端っこ，端っこ，真ん中だって。
C21　真ん中の意味がわからない。
C22　端っこと端っこが真ん中になる。
C複　あー！ わかった！⓳

20分経過

田中　端っこ，端っこ，真ん中。なんのことだろうな。わかる人？⓴

C複　はい！ はい！ はい！
田中　端っこ，端っこ，真ん中だって。
C23　わかった！
C24　端っこが真ん中。
田中　ちょっと待って。なにを言っているのか，わからないな。C25 君が不安そうな顔をしてるよ。じゃあ，誰か。㉑

C複　はい！
田中　君たちが発表して，C25 君が「あー，そうか」って言ったら上手な発表です。
C複　はい！
田中　はい，C26 君。
C26　前に出ていいですか。
田中　うん，でも答えを言っちゃだめだよ。C25 君に気付かせたいんだよ。
C26　なんて言えばいいかなあ。
田中　C25 君，そばに行って聞くといいよ。C26 君がいいヒ

ントを出してくれるよ。みんな，自分だったらどんなヒントを言うか考えてみて。

C26　端っこ，端っこ，真ん中っていうところまでわかっている？㉒

田中　上手，上手（笑）

C26　このときに，なにかとなにかが重なると…。㉓

C27　先生，わかった！

C26　これとこれとこれをどうにかすると，全部共通していることがある。

田中　全部共通していることがあるんだって。

C複　はい！　わかる，わかる。

C26　これとこれとこれと，これとこれとこれと，これとこれとこれと……全部共通している。

田中　みんなさ，なんで普通にこう言わないで，飛んでいるんだろうね。

C複　はい！　はい！㉔

田中　これとこれとこれって順番に言わないで，これとこれと言ったあとでこれと言っているよな。それ，なんか意味があるの？㉕

C複　はい！　はーい！

田中　そこになにか意味があるらしい。まだC25君が，「あーっ」て言ってくれないよ。どうぞ。

C28　端っこ，ごにょごにょ，端っこ，真ん中。

田中　端っこ，ごにょごにょ，端っこ，真ん中だって。

C複　はーい！

田中　まだ言わないよ。ちょっとじゃあ，隣同士で，僕がヒントを言うんだったらこうやって言うよって練習してごらん。（ペアトーク）㉖

田中　私のヒントだったらC25君がわかるっていう人？

C複　はい！　絶対わかる！

田中　どうぞ。

C29　これが，こーう。㉗

田中　なるほど。わかった？　しゃべらないでいま伝えたぞ。

C複　はい！　はい！

C30　端っこ，端っこの真ん中だから，端っこ，端っこ，真ん中っていう順番だから，まずは端，端，真ん中っていう順番で○○算を出す。㉘

田中　○○算。わかった？　よし，じゃあちょっとC25君に聞いてみよう。伝わったかどうか。はい，どうぞ。

かけ算2（第1時）　第 3 学年

C25　この百の位の2と，この一の位の6を合わせて8になっている。㉙

C全　イエーイ！（拍手）

田中　おー，すごーい。ほら，みんなの伝え方も上手，C25君もよく聞いた。
　　　C25君が偉いのはね，みんながなにを言っているのかわからなくても，ちゃんと正直に立って，わからないってことを別に恥ずかしがっていないでしょう。
　　　もしかしたらどこかの中に誰かごまかして座っている人がいるかもしれないからな。C25君，偉い。でもいま言ったことは本当に全部になっているかい？

C全　はい。

田中　じゃあ，こことここをたして。

C全　8

田中　本当になっているか。これは？

C31　C30さんに言われたことはまた別だった。

田中　そうなの？　なにに気付いたの？

C31　なんか，端と端がここと一緒だって。㉚

C複　そうそうそう。

C複　違う，違う。

田中　ちょっと待って。C31君が言ったの，なーんだ？

C複　はーい！

田中　C30さんが言ったのとC31君が言ったのは違うよ。違った？　C31君が言ったことはなんだ？㉛

C32　百の位の2と一の位の6は26

田中　どこのこと。どこを言っているの？

C33　286の8を消すと，結果的に26みたいになって，この26とこの26が同じ。㉜

田中　そういうこと？　なるほどね。これは面白いな。ちょっと待って。ありがとう。いま，二つ出てきたからちょっと整理するぞ。
　　　まず，端っこ，端っこ，これをたすと真ん中になっているというのを見つけたな。だからこれを例にすると，286は，2と6をたすと，こういうやつだったな。8になっている。これはいいかい？

C全　はい。

田中　それからもう1個が，この2とこの6がここにあるよと。ちょっと書いておこうかな。これがきまり。それで，こっちなんて言うんだっけ。

C34　かけられる数。❸

田中　かけられる数の、なんて書こう。二つ。一つ目はみんなが言った、端っこと端っこをたすと真ん中の数になっているよ。だから先生は一つこれを例にして、こんなふうに書きました。

　　　もう一つは、かけられる数のほにゃららが答えのほにゃららになっているって説明してくれたよな。自分がノートに書くとしたらどのようにして書きますか。続きを書いてごらん。どうぞ。❸

　　　続きは明日やります。
　　　（ノートタイム）

C35　かけられる数の数字と、答えの百の位と一の位を合わせて26にすると、かけられる数と一緒。

田中　はい、意味わかった？　ね、みんなほら言葉は違うけど、ちゃんと見つけたことを自分で整理しているでしょう。

　　　今日は「×11の計算の中の答えがすごい」ってところまで見つけた。そのきまりはいま二つあった。二つ。すると、さっき「これは答えがすごい」「なにがすごいの」って言った人がね、この言葉を聞いたときに、「え、でもなんでそうなるの」と言った人がいました。

　　　この続きは明日考えたいと思います。でも、よく見つけたな。大したものです。この秘密を見つけると、「×11」の計算の答えがあっという間に出るようになるかもね。はい、じゃあここまでにします。❸

子ども いきいき！ 授業の様子

　きまりに早く気が付いた子とまだ気が付いていない子を、どのようにつなぐかを意識して構成した授業でした。自分が見つけた面白さそのもの、つまり発見の喜びを友達にも味わってほしいと願う子どもが増えるとよいと思うのです。

かけ算2(第2時) 第3学年

第2時 START

田中　はい,昨日やったきまりを思い出すために,3問ほどやってみます。
　　　(問題を板書)❶

C1　もう解いてもいいの？
田中　どうぞ。終わったら昨日見つけたきまり,ちゃんと当たっているかどうか隣に見せてください。
　　　(自力解決)❷

田中　昨日のきまりどおりだった？
C複　はい。
C2　この問題だと新しいきまりが…。あれの違うバージョン。
C3　この問題すごいです。新しい。
田中　この問題もすごいの？
C複　はい！
田中　昨日とは違うの？
C複　はい！
田中　ちょっと待って。まずは答えだけ教えてくれる？　1番いくつ？
C全　473
田中　473。2番は？
C全　572
田中　572。それから？
C全　176
田中　176。ちょっと待って,昨日のきまりを教えてくれる？覚えている人？❸

C複　はーい。
田中　忘れている人？　ちょっとノートを見てごらん。見た？
C4　端っこ,端っこ,これ。端っこ,端っこ,上。
田中　昨日見つけたきまりはなんだったかを聞きますね。全員起立。きまりはいくつありましたか。

C全　二つ！❹
田中　その二つが言える人,座ってください。はい,ちょっと不安な人もいるね。お隣同士で一つずつ報告してごらん。どうぞ。
　　　(ペアトーク)❺

田中　では,一つ目お願いします。
C5　答えの一の位の3と百の位の4をたすと70の7になる。
田中　なるほど。43×11だったら,答えの一の位と百の位

がここに集まってきているんだね。もう一つはなんですか？ ❻

C6　一番下の答えの真ん中の十の位を抜くと43なんですけど，その43が一番上のかけられる数と同じ数になる。43という数。

田中　ここにあるんだよって話だったな。よく覚えていました。で，今日はなにか面白いことがあったの？ ❼

C7　真ん中の十の位が7ということは，まわりがすべて7になるわけだから，すべてをたすと14,14,14。❽

C複　そう，そう。

田中　そういうこと？　いまC7さんが言ったこと，なんだかわかる？

C複　はい，わかります！

C複　わかりません。

田中　わからない。じゃあもう1回。

C7　真ん中の十の位が7ということは，まわりはすべて7ということだから，それをすべてたすと7と7ですべてが14になる。❾

田中　それでいま誰かが言っていたのは，「このときだけだけどね」って言ったのはそういうことね。

C8　そう。

田中　このときだけ。ねえ。

C9　かもしれない。

田中　かもしれない。昨日やったのはどうだった。

C9　違う。

田中　違うのがあった。

C10　理由がちょっとわからない。

田中　理由？　これらが？

C7　なんか，この場合に4と3が上にある7だったら，ここの，端と端の組み合わせを7にすれば，7にして，11でかければなれる。

田中　なるほど。じゃあ他にある？　いまここに出てこない数で両方をたす。

C11　逆に2と5にする。

田中　2と5？

C12　2と5とか，3と4。

田中　25×11とかやるとそうなるか。❿

C13　3と4

田中　それはならないだろう。25×11をやったらいまのき

かけ算2（第2時）　第 3 学年

　　まりになる？
C13　なる。
田中　ちょっとやってごらん。25 × 11
C14　なった。
田中　速いね。答えいくつ？
C14　275
田中　275，なった。面白いなあ。これも真ん中が7で両側が2と5。それで合わせると14か。どうしたの？
C15　気付いちゃった。
田中　なにに気付いちゃったの？
C15　52 × 11は25で？　5かけてあんな感じなんだから…52だって2で割ればいい。34も61でも大丈夫。⓫
田中　なるほど。これとこれがあるんだから，これのときは34 × 11にしても，こちらだと61 × 11にしても同じだよっていうこと？
　　そうするとこれ全部真ん中が7で合わせて14になるやつがいっぱいできる。
C16　できる。
田中　すごいね。ところでさ，どうしてこれとこれをたしたらこれになるんだろう。なんでこことここが両側に来ちゃうんだろうって言っていたよね。理由わかる？　なぜ，こんなことが起きるの？⓬
C複　はい！　わかったかもしれない。⓭

10分経過

田中　昨日なぜ，そんなことが起きるのって言っていた人がいるから，これだけ実験したら理由を考えてみよう。理由を言える？⓮
C複　はい，言えます。言えます。
田中　もう1回だよ。もう1回。どうしてこの両側をたした数が真ん中の数になっちゃうんだろう。どうしてかけられる数の十の位と一の位が両側に来る答えになるんだろう。どういうことだ？　6人は言えるんだ。あとはまだ理由はわからない。⓯
　　自分の計算したのをよくにらめっこしてごらん。どうして両側をたした数が真ん中にあるんだろう。どうして十の位と一の位の数字が答えの百の位と一の位にいくのだろう。よーく自分のノートとにらめっこしてごらん。出てきた？
C17　そういうことか。はい，はい。

田中　じゃあちょっとC18さん、聞いてみるよ。

C18　まずこの計算をするんですけど、1で3、4で、この下も3で4なんですけど、重なる部分が……。⑯

田中　ちょっとストップ。

C19　はい！　わかっています。言いたい。⑰

田中　ちょっと待ってよ。先生はさ、さっきまで答えだけ書いたでしょう。C18さんはちゃんと筆算を書いて、いまからなにかを説明しようとしています。

C20　はい！　はい！　いまわかった！　意味がわかった。

田中　わかった？　あとの人はわからない？　じゃあもう1回。どうして両側をたした数が真ん中になるんだろう。どうして十の位と一の位の数字が答えの両側に来ちゃうんだろう。ちょっとお隣同士で相談。どうぞ。

　　　（ペアトーク）⑱

田中　素晴らしいね。上手だね。さあ、C18さんはもう説明できるのがわかったので、この続きを他の人にやってもらうよ。

C複　はい！　はい！

田中　はい、どうぞ。はい、みんな注目。自分たちが話したのと同じかどうか比べましょう。

C21　ここは3で下りてくる。ここも4で下りてきて、ここだけ重なっている。それで1×1だから1はそのままということで、ここだけ重なって、こっちはそのまま下りてくるから、こことここが重なっている。⑲

田中　意味わかる？　どういうこと？

C22　3はそのまま下りてくる。下に430なんとかっていう数字ではないから、3はそのまま下りてきて、4も143とか数字がないから、4もそのまま下りてきて。

田中　2人で、C18さんの続きを書いて、こういうことだよって説明してごらん。C18さんは本当はね、あそこの真ん中を書こうとしていたよ。あそこに見えない0があるんだったな。はい、それで？

C21　これはそのまま下りてきて、ここは重なって下りてきて、それでここもそのまま下りてきて。

C22　それでこう、こう。⑳

田中　そうだな。で、真ん中は？

C21　真ん中は、なんでこことここをたすと7になるかと言うと、まず、ここが43になっているのと430でここが重なっている。

かけ算2（第2時）　第3学年

田中　じゃあ重なっているところ，重ねてごらん。うん。これをさっき C18 さんがやろうとしたんだよね。

C21　重なっている，こことここの数字とここの数字は同じだし，ここの数字とここも同じだから，イコールたした場合，ここの数字は絶対こっちと同じ。

田中　大丈夫？　よし，じゃあノートにいまの理由を，ちゃんと次のときも言えるように全員書きましょう。
　　　ノートにどうしてそんなことが起きるのかという理由を書き終わるのに 3 分あげます。㉑
　　　（ノートタイム）

C23　先生，文で書くんですか。

田中　文で書いてもいいよ。筆算を使って説明してもいいよ。

C24　筆算から説明したほうがいい。
　　　（机間指導）㉒

田中　ほう，よしよし。ノートうまくなったね。いいね。上手。あとから見たとき，これと同じに見えちゃうから，理由をちゃんと書いておかないとね。

C25　なんて書けばいいのかが……。

田中　書き終わった人は，まだ書いているお友達はいったいどんなふうにしているのか見せてもらうために歩いてもいいです。なんて書いたらいいんだろうって悩んだら，お友達のを参考にしてごらん。いいですね。しっかり文章を書いている。すごいね，本当に。上手。3 年生とは思えない。素晴らしいな。あとでお友達に見せてもらって，自分のノートにつけ加えようか。まだ書きたい？㉓
　　　（時間をおいて）

田中　よし，じゃあ途中だけど，友達がどんなふうに書いたか，全員見て歩こう。お友達の書き方と自分の書き方，どっちがうまいか比べてみてごらん。うまいなあと思ったのは，あとで全部また写してもよし。どうぞ。㉔

20分経過

田中　よし，じゃあいったん戻りましょう。もうこれで ×11 の計算は簡単だな。パッとできるかな。㉕

C複　はい。はい。

田中　筆算なんかしなくてもパッと答え出せる？

C複　はい！　はい！

C26　出せます。

田中　じゃあいくよ。24 × 11。せーの。

C全　264！❷⓺

田中　天才だね。31 × 11 は？

C全　341！

田中　速いね。54 × 11 は？

C全　594！

田中　天才ぞろいだね。じゃあこれで，× 11 の計算はもうみんなどんどんできちゃうね。

C27　今度ママに言って，やってもらおう。

田中　やってもらおうか。いいな（笑）

C27　筆算を使わないで。

田中　筆算を使わないでも，これ簡単にできちゃうよ。いまからノートにいくつか実験してみてください。ちゃんと正解になるかどうか。どうぞ。筆算を書かないで，これ×これってやってパッと答えが出せたらいいよね。❷⓻

　　　（C28 が何か言いたそう…）

田中　C28 さんはね，「先生，でもこういうときに困るよ」っていうのをなにか見つけたみたいです。なんでしょう？

C29　59 × 11 とかになったら。

田中　ちょっと待って。59 × 11。C28 さんは 59 × 11 とかこういうときどうするのって言ったんだけど，なにに困ると言っているんでしょう。❷⓼

C30　5 と 9 をたすと十の位までいっちゃうから…。

C31　あー，答えが繰り上がっちゃう。❷⓽

田中　そうか。うまくいくと思ったけど，59 × 11 はうまくいかないんだね。他にどんなときに困る？

C32　55 × 11

田中　55 × 11。こんなとき困る。❸⓪

C32　困りすぎる。

C33　え，困らないよ。

田中　困らない？　じゃあ，答えがどうなるか出してみて。筆算できるでしょう。

田中　他にも困るときがある？

C34　58 × 11

田中　じゃあ，困るときがどんなときかつくって調べてごらん。❸⓵

C35　かけられる数が 5 より増えちゃだめなんだよ。

田中　だめなの？

C35　でも，94 だったら困るかもしれない。

C36　94 でも困るよ。

かけ算2(第2時)　第3学年

C37　それでもできると思う。㉜
C38　よくわからないけど，15でやったらどうなるんだよ。
田中　じゃあいくつか実験してごらん。
C39　11×11だと121だった。
田中　これ，合ってるじゃん。
C40　できるよ。

C41　よくわからない。なるとしたら。
田中　だめだったの。他になにがあるか見つける。
C42　58
田中　58は書いた。
C43　28
田中　28もだめなの？
C44　19もだめだよね。
C45　結構だめなの多くない？
田中　いっぱいある？　他にどんなのあったんだろう。

C46　85 ㉝
C47　98，29，37，88，56，19
C48　10から順番にやっているから。
田中　これはどんなときがだめなの？　だめなときってどんなときってまとめたらいい？㉞
C49　かけられる数が繰り上がっているとき。
C50　10より上のとき。
田中　10より上のとき。
C51　かけられる数が十の位と一の位をたして1繰り上がる数。

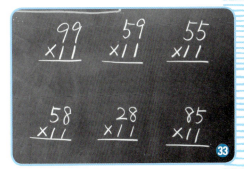

田中　かけられる数が，十の位と一の位をたしたときに繰り上がるときがだめなんだ。㉟
　　それ以外のときはさっきみたいにパッと答えが出せるわけだな。じゃあちょっとこれの答えを教えて。99×11。せーの。
C全　1089

⏱ 30分経過

田中　59×11はいくつ？
C全　649
田中　55×11は？
C全　605
田中　58×11は？
C全　638 ㊱

田中　28 × 11 は？
C全　308
田中　85 × 11 は？
C全　935
田中　935。全然だめだ。せっかくあっちで面白いきまりを見つけたと思ったのに。㊲
C52　このきまりはないの。
田中　こっちもきまりあるの？　こっちはきまりないだろう。
C複　はい！㊳
C53　あった。見つけた。
田中　さっきはさ，こことここをたしたら真ん中の数になったんだよ。
C54　それじゃあ違うじゃん。
田中　これはだめじゃん。
C55　8 + 3 は 11
田中　これ，逆に下から言うぞ。9 と 5 をたしたらいくつ？
C55　14
田中　9 と 5 をたしたら 14 だろう。真ん中 3 だぞ。だめじゃん。
C56　はい！
田中　3 と 8 をたしたら？
C56　11
田中　だめじゃん。

C複　はい！　はい！㊴
田中　これ，だめだろう。
C複　ある！
田中　ちょっと，本当になんかあるの？㊵
C複　はい！　はい！

田中　ちょっと静かにしてな。試しにちょっと確かめよう。これ，6 と 8 をたしたらいくつ？
C57　14
田中　だめじゃん。本当になんかあるの？
C58　こことここにも，ここで 11 じゃなくて，こことここをたすと 11 になる。
田中　え？　なにを言ってるの？
C58　ここたすここは 14 で，3 + 11 も 14。ここたすここと，ここたすここの数が同じ。㊶
田中　そんなことできるわけないだろう。
C59　えー，いかない。

かけ算2（第2時）　第3学年

田中　ここ見てみろ。ここ。これとこれ，たしたらいくつだ。㊷
C複　11
田中　え。真ん中とこれをたしたら？
C複　11！
田中　あら。うまくいく。ここはうまくいかないだろう。
C複　いく。
田中　6と9をたしたら。
C全　15
田中　4と11をたしたら。
C全　15！
田中　あら（笑）。これはだめだろう。
C複　いやいやいや。
C60　いけた，いけた！　こうして，これだったら…。あれ，わからなくなっちゃった。
田中　やっぱだめじゃん。㊷
C複　はい！
C61　1個以外なんだけど，99は十の位にいるから，私的には無理なんだけど，6＋9は15で11ひいたら4で，6＋5は11で11ひくと0になる。
　　　6＋8は14で11ひくと3で，3＋8は11で11－11は0㊹

田中　なるほど。
C62　先生，1番目できました。
田中　なにがですか（笑）。1番目できちゃったの。どうして。
C63　だから百の位で1たしてじゃなくて，これの位をたしたんだから，今度は10と9で19で，8と19で11㊺
田中　なるほど。百の位が，これ何個あるの？
C63　6
田中　6個。これ，百の位は何個あると考えればいいの？
C64　10
田中　百の位が10個だと考えると，10個と9個を合わせたらいくつ？
C複　19
田中　19。だから8と19の違いが11。
C65　おーっ。
C複　はい！　はい！
田中　しかしもう時間です……はい，どうぞ。㊻
C66　28×11で，2と8をたすと10で，だからその計算をやってみると，そのかけられる数が十の位と一の位をた

すと 10 になるやつは，必ず下のたした数が 11 になる。❹

田中　28 でいいの？

C66　はい。

田中　C66 さんがなんて言ったか聞いてね。

C66　これとこれをたすと 10。それでこれとこれをたすと 11。これも 5 と 5 をたすと 10 になるから，10 になって，答えが，これをたすと答えが 11 になる。

田中　なるほど。合わせて 10 のやつは全部両側が 11 になる。

C67　まだある。たぶん 1 番になっている頭だと思うんですけど。この 89 と 10，8，9。❹

田中　89 と？

C67　10 をたすと。

田中　10 をたすと？

C67　99 になる。

田中　他は？

C68　他は無理だよ。

田中　無理なんだ。なるほど，一つ見つけて，他でもうまくいくかなって確かめるところは素晴らしいな。

C69　ここと，ここにこっちは 9 で，9 と 9 で，6 と 1 はここが 8 だから 11 になる。

田中　なるほど。こちら側が一緒なのはこの 5 と一緒だ。こちら側だけが 1 個増えているから。あとはじゃあ真ん中をどうやって決めればいいかがわかると，こっち側も速く計算する方法が見つかるかもね。

C70　ここは 38。0 を抜いたら 38。28 + 10 は 38。で，これはここをたして 10 は……。❹

田中　なるほど，おー，すごいね。

C70　85 でいくと，真ん中……。

田中　真ん中を考えなかったら全部 10 増えているんだって。

C71　58 は 5，8 になっていて 13 で。❺

田中　なるほど。ということはこれもパッと計算する方法がつくれそうだな。じゃあ 11 をかける計算は，君たちはもう天才になったわけだ。

C72　それほどでも。

田中　ありがとう。じゃあ今日はここまでにしよう。よく頑張りました。

　もうね，2 桁のかけ算でも × 11 はパッとできそうだな。おうちの人と競争してやってみるといいよ。

授業アルバム

　前時に見つけたきまりの理由を説明することを目的としていた時間なのに、子どもが59×11のようなときに困ると言い出して、後半の展開は例外のきまり探しに発展。子どもたちが私の先をどんどん歩き出したのが頼もしいと感じた時間でした。

第4学年

わり算

1. 授業のねらい
11で割り切れるわり算のきまりを発見することができる。

2. 授業の位置づけ
2桁で割るわり算の計算の仕方を学び，計算に習熟する活動を行う場面。単純な計算練習ではなく，計算の世界にも面白いきまりがあるのだということを感じ取らせることが目的。探求をしていく過程で，帰納的な思考のプロセスを身に付ける。

3. この授業で育てたい力
3年生で11をかける計算を学ぶ例を紹介した。対象となる子どもが異なるため4年生でも11を扱う計算を設定した。仕組みは同じであるが，今度はわり算にして経験させてみたわけである。
計算が苦手な子どもがクラスにいる場合は「11」を使うと子どもの抵抗感がなくてよい。11で割り切れる数を探す活動を通して，共通するきまりを見出したり，きまりにあてはまらない例をどのように整理するか，帰納的な思考を行う力を身に付けていくことを目的としている。

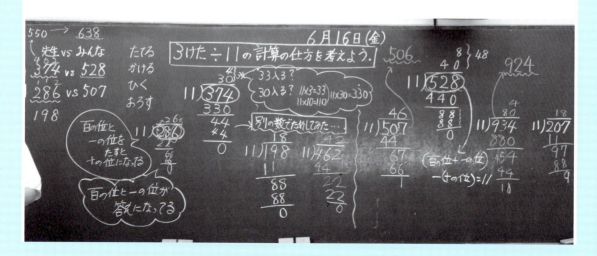

第4学年

　　（授業前に活動）
C1　おはようございます。
田中　まだ授業は始まりません。始まる前にカードで運試ししよう。カードを引いて，3桁の数をつくります。先生とどっちが大きいか勝負。私は運がいいという人。❶

C全　はい！　はい！
C2　俺，世界一運がいい。
C3　宇宙一！
田中　わかった，わかった。落ち着いて。じゃあ君！　3枚置いて，3桁の数字をつくる。じゃんけんね。最初はグー，じゃんけんぽい！　よし，君から引いて，順番に置いていくよ。好きな位から並べてね。まだ開けちゃだめだよ。

C全　おー，頑張れ，頑張れ。
C4　どうする。せんせー！
C5　子どもに負けたらだめだよ。
田中　う～ん。ここが大事だよな。こっちに持っていったほうがいいかなあ。はい。一緒に開けていくけど，どっちの位から見たい？❷
C複　百の位！
田中　百の位から？
C6　一の位のほうが面白いよ。
田中　どうする？

C複　一！
田中　一が多いね。じゃあ一の位から交互にめくります。
　　　（一の位から交互にカードをめくる）❸
C全　おー！
田中　先生が374点。みんなが528点。記録しておくね。拍手。❹

C全　（拍手）
C7　田中博史，敗北！
田中　よし。次の人。
C全　はい！
田中　今日はあまり運がよくないな。じゃあ，C8さん。最初はグー，じゃんけんぽい。なんで今日は負けるんだろうなあ。3枚引くんだよ。まだ見ちゃだめだよ。勝ちたいなあ，次は。
　　　（一の位から交互にカードをめくる）
C全　うわあ！（拍手）❺

田中　先生が207点。みんなが934点。

C9 　連敗中の田中博史！
田中　よし，じゃあ次は，勝たせてくれる人。先生に先に選ばせてくれる人。❻
C全　はーい！　はーい！
田中　C10さん。じゃあ，先生が先に引くからな。C10さんが引いたら，カードをめくるぞ。❼
　　　（一の位から交互にカードをめくる）

C10　イエーイ！❽
田中　全然楽しくない。先生が286点。みんなが507点。
C全　先生，天才！　3連敗。
田中　全然勝てないからもういい。今日，全然運ない。ちょっと早いですけど，号令をかけましょう。❾
C11　えー！　でも頑張る。気を付け。これから1時間目の学習を始めます。礼。
C全　よろしくお願いします。

▶ START

田中　はい。よろしくお願いされます。ノートを開けて，日付を書いて。では，今日の問題を書きます。❿
　　　（問題を板書）
田中　丁寧に書けてるね。C12さん，読んでごらん。
C12　3桁÷11の計算の仕方を考えよう。
田中　いままで3桁÷1桁，それから2桁÷2桁をやったよね。今日は3桁÷11に挑戦してみます。
C13　なんで11って決まってるんですか。裏があるでしょう。
田中　なるほど。なんか簡単そうかなって思って。
C14　10でしょう，簡単なのは10

田中　なるほど！　でも今日は11で割るよ。さっきやったゲームの数字を使って，わり算をやってみようと思います。先生の最初のポイントは374だったので，374÷11というのを最初にやってみようか。ちょっといいかな。わり算の計算のルール。順番があったよね。それを言ってくれる？　C15さん。
C15　たてる，かける，ひく，おろす。
田中　うん。それやったよね。374の中に11が何回入りそうですか。だいたい。まだ計算してなくてもいいです。少なくともこのくらいは入るだろうって人？
C16　33
田中　33も入る？

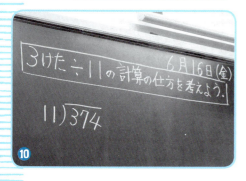

C17　ぎり入る。
田中　なんで，33という数字を思いついたんだろう。C16さんが，33という数字を思いついた理由が想像できる？
C複　はーい！
田中　もしも自分が当てられたら，他にどんな数字を入れる？だいたいどのくらい入るって聞いたんだよ。C18君。
C18　30
田中　30ね。なるほど。C18君が30回入るんじゃないかって考えた気持ちはわかる？⓫
C多　わかる！
田中　こっちはわかるの？　じゃあC18君が30回入るんじゃないかと考えた理由を，ちょっとお隣の人と確かめて。（ペアトーク）⓬
田中　じゃあ聞くよ。C19さん。⓭
C19　百の位が3だから3回入って，十の位は3よりも大きいから30回は入る。

子どもが動く！授業を創るポイント

割り切れる数を探す活動

　割られる数の各位の数字の和を求めてみると，9で割り切れる数と3で割り切れる数には共通するきまりがあることはよく知られている。それぞれ9の倍数，3の倍数になっている。さらに位の数字の和があまりにも関係している。だからあまりのあるわり算の授業でもよく扱われるのだが，実は11で割るわり算にも面白いきまりがある。

　ただ11の場合には例外となる数を見つけたときに，それがどのような仕組みがあるのかと考えることが複雑である。わり算の計算できまりを発見する場面だが，3年で行ったように，かけ算の筆算をかいて仕組みを探るという活動をするとよい。

　かけ算とわり算は逆の関係であるため，相互に用いて仕組みを解明していくときには役立てられることを子どもたちには味わわせておきたい。これは加法のときには減法を役立てることができるのと同じである。

田中 なるほど。いまのC19さんの説明はとっても上手。
C20 ああ,そういうことね。
田中 なんで十の位が3よりも大きかったらそういうふうに思えるの?
C21 同じでも入る。
田中 理由が言える? はい,C22君。
C22 11×3というのは33だから。7は3よりも大きいから,だから入る。
田中 意味がわかった? ⓮

C23 わかった! 意味がわかった!
田中 意味わかった? それとも聞いてなかった?
C24 ううん。ちっともわかんない。
田中 ちっともわからなかった? いま,2人がしゃべってくれたんだよ。
　どうして30回入るのですかと先生は聞きました。皆さんは,百の位が3だからと言いました。ここまではみんな,うん,うんと頷いていた。次に十の位の話もしました。どうして十の位が3よりも大きいとこれが言えるの?って先生は聞きました。続きをもう1回しゃべれる人いる? ⓯

🕐 10分経過

C25 超スーパー簡単に説明できます。C19が言ったのは,たとえばいまの数は374の百の位が3のわけで,まずここが4だったらここは別の話なんだけど,3は,30の十の位の3と同じだから。⓰
田中 あ,この3と一緒なんだ。はい,はい。
C25 計算してみると11×30は330
C26 その理由は? なんで330なの?
C25 10×10は100でしょう。いま11×10を言っているでしょう? 11×10は110ってわかるかな。⓱

C26 わかる。
C25 それでいま,11×30を言ってるとするじゃん。
田中 うん。言ってるとするじゃん。⓲
C25 11×10が110で,30は10の3倍だから,110を3倍する。110×3で330
田中 大丈夫? 結局なにをやってるかわかる? 11かけるなに?
C全 30
田中 そう,30なんだよね。これはみんな,できるんだよね。

わり算　第4学年

　　　かけ算を使って見当をつけました。11×30はいくつ？
C全　330
田中　こうなるから，十の位が3より大きければいけるだろうと考えたわけだ。じゃあ，あと3個入る？❶
C複　入る！
田中　じゃあ30回だとするよ。そしたら330個いけたよ。残りいくつだ？
C27　残り44
田中　あといくつ入る？　はい，C28君。
C28　あと4
田中　4個入りそうだな。あと4個いけるよ。そうすると，たてた，かけた，ひいた。いくつだ。C29君。
C29　0
田中　おお。きれいに割り切れたな。❷
C30　エクセレント！
田中　じゃあ何回？　全部で？
C全　34
田中　こうやって，いっぺんにできなくても見当づけながらやっていけば，「÷11」もできるね。もう1個いってみようか。
C31　先生，もしかしてわざとやった？
田中　ちょっと待って。まだ早い。みんなの数でもわり算やるぞ。528÷11。これできる？　いっぺんにできなかったら，少なめに見積もってたしていけばいいよ。いっぺんにいけるんならやっていいです。はい，どうぞ。
C32　あれ，先生の戦略だったんだ。
田中　するどいねえ。どうかな。
　　　（児童が各自で計算）❸
C複　えー！　割り切れる！
田中　なるほど。いやあ，新しい展開だなあ。すごいね。
C33　嫌な予感がする。
田中　私もいま嫌な予感がした（笑）。これ，誰か出てきて筆算やってくれる？　一発でできた人。何回かに分けた人。はい，どうぞ。
　　　（児童が黒板で計算）❹
田中　そんなに力いっぱい書かなくても大丈夫だよ。おお。答えはいくつ？　割り切れた？
C34　全く同じように割り切れた。
田中　すごいな，これ。今日は，もしかしてすごい劇的な日か

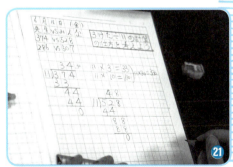

も。じゃあ次のやるよ。286÷11と，507÷11 ㉓

C全 一つ抜けてる！

田中 ごめん。なんか抜いたっけ。あ，途中の先生が負けたやつね。もう忘れちゃった。

C全 えー！

C35 207と934！

田中 よく覚えてるな。

C35 メモしてあるもん。

⏱ 20分経過

田中 よし，四つ，じゃあ出てきて，誰か計算してくれる？

C全 はーい！ はーい！

田中 はい，君と君と君と君。

（児童がそれぞれ黒板で計算）㉔

田中 はい。終わりました。じゃあ，割り切れたときの割られる数を読んでみて。どうぞ。

C全 374

田中 374があります。それから。

C全 528

田中 528があります。それから。

C全 286

田中 286があります。割り切れたものだけ見たときに，なにか気が付くことがある？㉕

C全 はーい！ はーい！

田中 はい，C36君。

C36 こっちの数は百の位と一の位が…。

田中 はい，ストップ！ いまからC36君がなにを説明するか想像つく人？㉖

C複 わかった！ はーい！ はーい！

田中 これだけでもうわかったの？ ちょっと待って，落ち着いて。全員起立。㉗

（児童起立）

田中 いま，これだけで伝わった人と，C36君がいまからなにが言いたいか，まだ想像がつかない人がきっといると思うんだ。だっていま全部言ってないんだから，気が付かなくたっていいんだよ。いまの話だけで，C36君はこういうことが言いたいんだっていうことが想像ついた人は座ってごらん。

（複数の児童が着席）㉘

わり算　第4学年

C37　わかりませーん。
田中　よし，よし。わかった。立ってる子，あなたたちは正直でいいです。本当に座っている子が気付いているかどうか怪しいからね。
C複　じゃあ当ててよ！　はーい！
田中　よし，C38さんにしゃべってもらうから，ちょっといいか。C36君，一緒かどうか比べるんだよ。いい？　聞いていてよ。はい，どうぞ。㉙

C38　この数の百の位と……。
田中　はい，ストップ，ストップ！　いまC38さんはなんて言った？
C複　百の位と。
田中　百の位と，って言ったよな。さあ，なんだろう。
C複　はーい！　わかった！
田中　いま立ってる子，ここにおいで。C39さんが中身を言わないでヒントを言ってくれるから。いい？　中身は言っちゃだめ。気が付いたら座って。㉚

C39　（集まった児童たちに説明）
C複　わかった。わかった。
田中　ありがとう，C39さん。2人が見つけたことが一緒かどうか確かめるよ。いい？　じゃあC36君から。
C36　11で割り切れた二つの数は，百の位と一の位をたした数字が十の位にきている。

子どもいきいき！授業の様子

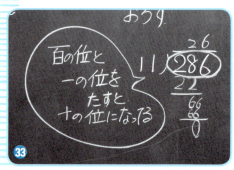

田中　C38 さんは？

C38　ちょっと違う。割られる数の百の位と一の位の数字が，答えの 34 になる。こっちも同じように，割られる数の百の位の 2 と一の位の 6 が答えの 26 になっている。

C全　ああ！

田中　おお，すごい！　握手。じゃあさ，同じことを見つけたのかなと思ったけど，ちょっと違ったよね。2 人の見つけたことの違いを説明できる人？㉛

C全　はーい！　はーい！

田中　これはお隣同士で確かめてください。
　　　（ペアトーク）㉜

田中　確かめた？　じゃあまず C36 君の見つけたことは？

C40　C36 のは，百の位と一の位をたした数が十の位になる。

田中　よし，よし。百の位と一の位をたすと十の位になってるって言ったんだよな。で，C38 さんのは？㉝

C41　C38 は，割られる数の一の位と百の位を合わせると，答えの数。

⏱ **30 分経過**

田中　いい？　まず C38 さんのほう。百の位と一の位が，答えの数字になってるよというんだよな。ここで書き込むと，この数字とこの数字がここにきてますよ。それからもう一個，C36 君は，二つをたした数が真ん中になってますよ，というきまりが，こことここにはあるわけだ。㉞

C42　試してみたんだけど，先生がやった 374 と 286 っていうのは，百の位が 1 下がって，一の位が 2 上がって，それで 198 を試してみたら，やっぱり割り切れた。㉟

C全　あー。

田中　C42 君がいま，どんな約束の数で試してみようとしたか，聞いた？

C43　そういうことか！

田中　C43 君。

C43　C42 は，374 から 286 になるには，3 から 2 の間は 1 でしょう。で，7 と 8 の間が 1 でしょう。4 と 6 の間が 2 でしょう。つまりこの百の位とこの百の位が 1 下がって，またこっちは 1 上がって，ここは 2 上がってるということがわかるから，この法則を使って，また数字をつくるとまた割り切れるということ。

田中　割り切れたか。みんな割り切れると思う？

C複　思わない。

田中　思わないよな。じゃあ，ちょっといま，C42 さんがどんな数字で試そうとしたかわかった人？

C44　198

田中　198 だって。198 は割り切れると思いますか？　C42 君が不満そう。じゃあちょっと試そう。どうぞ。

（児童各自で計算）36

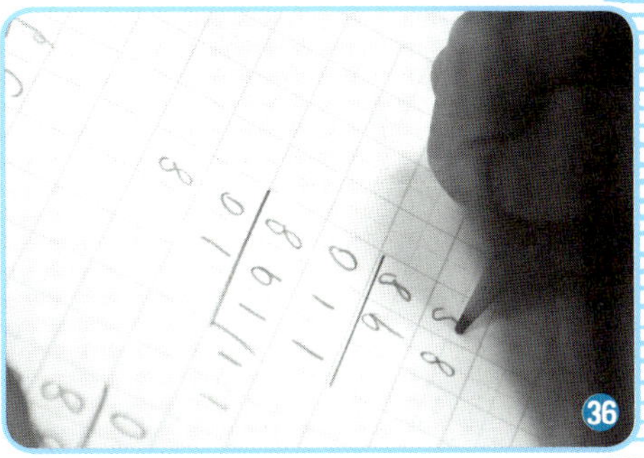

36

C全　割り切れる。

田中　じゃあ 198 ÷ 11 が割り切れたかどうか確かめるよ。筆算でやります。まずは？37

37

C全　1

田中　1 たてたよ。はい，かけます，11。ひくよ，88

C45　はい，終了！

田中　おお。これを見たらもうわかるんだ。8 がたつね。C42 君，いけるじゃない！　別の数字でも確かめられる？　C46 君，どんな数でやる？

C46　いま法則って言っていたよね。374 を基準にすると，百の位を 1 個上げて 4 にして，十の位は 1 個下げて 6 で，一の位を 4 − 2 で 2 にしたら，462 ÷ 11 だったら，また割り切れる。

田中　462 ÷ 11 は割り切れるかな。割り切れると思う人？

C複　はい！

田中　これは怪しい。よし，確かめて。

C47　そんな都合のいいことは起きないでしょう。

（児童各自で計算）

C47　だめだ。認めたくない。

田中　認めたくないか。すごいな，それ。また別の数字を確かめている人もいます。次は，なにを確かめてるの？38

38

C48　550

田中　次は 550 なの？

C49　550 は絶対割り切れちゃうよ。39

39

田中　なるほど。550，これは割り切れる。その下の 198 は割り切れた。この中の全部割り切れるわけだ。これ，いま認めたくないって言っていた C47 君。ちょっとやってみ。

C47　（黒板で計算）

田中　よし。オッケー。黒板の左側，374 と 286 から見つけられた，面白いきまりがいっぱいあったよな。しかしだよ，しかし，別の数も割り切れたよね。右側の 528 ÷ 11 は，いま出た二つの法則とは全然違うな。40

40

C50　ちょっと違う。

田中　見つけた人もいるかもしれないけど，こんなふうに，二つのきまりじゃないのに11で割り切れる数が他にありそうですか。

C51　絶対ない。

田中　これは偶然か，じゃあ。

C52　偶然だ。ただ運がよかっただけなんだ。

田中　右側にも，C53さん，きまりがある？

C53　528だと，筆算の最後の割られるところが全部同じ数になっている。88 ㊶

田中　あら，本当だね。

C54　198となんか一緒。88

C55　当たり前じゃん。

田中　当たり前？　ちょっと待ってくれる。こことここ，最後に割られる数の十の位と一の位が，同じになれば割り切れるわけだよな。たとえば88。となると，他の数の筆算を見て，なにか惜しいのない？㊷

C56　惜しいの？

田中　あともうちょっとで割り切れるのにっていうのない？惜しいのがあるよな。

C57　934は，最後が54だから，惜しい。㊸

田中　54。ここをもうちょっとなんとかやれば，割り切れる数に変身するよな，これな。

C全　他にも，他にも！

田中　507は？　最後が67だね。十の位が6だから，ここ，一の位はいくつになればいいの？

C全　6

田中　ということは上の数は，一の位がいくつになればいい？

C全　6

田中　じゃあ，507じゃなくて，本当は506なら割り切れるんだな。これ，さっきまでの左側とは全然違うルールの割り切れる数じゃん。じゃあこっち。934。ここ，最後は54だけど，5がいくつならいいの？㊹

C58　2

田中　ここ2？　ここが4になればいいんだろ。44

C58　上の934の3のところが2だよ。㊺

田中　2か。じゃあいくつになる？　934じゃなくて924ならいいんだな。924だと割り切れた。528だと割り切れた。506だと割り切れた。右側の数にはなんかあるか？

072

わり算　第4学年

C全　先生！　先生！
C59　ある，ある。はい！
田中　C59君。
C59　偶数。
田中　おお，なるほど。全部，偶数なんだ。なるほど，すごい。別の人？
C複　別，別！
田中　1，2，3，4，5人手が挙がった。この5人が見つけたことは同じだろうか。C60君，なにを見つけた？
C60　528の場合で言うと，5＋8は13。13から2を…。㊻

田中　よし，わかった！　ここまで。C61さんも同じ？
C61　うん。
田中　さっきまでずっとみんなは，こことここをたしてこれにならないかな，って調べたんでしょう。割られる数の百の位と一の位をたして，十の位にならないかなって。たぶんC60君は同じことをやったと思うんだ。すると，なんかあるみたいだね。㊼

C複　ああ！
C62　わかんねえ。
田中　じゃあもう1回，説明してみようか。
C62　もう1回，言って。
田中　いいか。みんなにも見つける楽しさを味わわせたいので，全部しゃべっちゃだめ。いいね，C60君。
C60　528の場合で言うと，5＋8＝13。で，13－2㊽

C複　あー！㊾
田中　13－2だって。わかった？　見つけた？　C62君。
C62　うん。あれ，間違ってるかなあ。
田中　大丈夫。C62君，なにしたの？
C62　この528のだけなんだけど。
田中　だけか。まあ，言ってみ。
C62　ああ，でもな。やめとこうかな。㊿
田中　じゃあ，先生にこっそり言ってごらん。
C62　（先生にだけ伝える）
田中　おお，いいじゃない。それだよ，それ。ちょっと待って。それは528だけか。

C複　ううん。
田中　ううんって，君たち，聞いてないだろう。C62君にしゃべらせるよ。C62君がなにしたか，言ってごらん。
C62　一の位の8と百の位の5をたして13で13－2で11

田中　11だよな。百の位たす一の位をやって，それから十の位をひくと11だよって計算したわけだ。C62君はここだけの話だけどねって。

C63　そこだけじゃない。

田中　わかった。C63さん，なに？

C63　506も。5と6をたして，11から0をひく。

田中　いい？　ここも5と6をたしたら11でしょう。11から0ひいたら？

C全　11

田中　11じゃん。こことここは共通するな。はい，どうぞ。

C64　最後に924で，9＋4で13，13－2で11

田中　やっぱりこっちも共通点があるんだね。

C65　あっちも直せばなるんじゃないの。

田中　もうそろそろやめたいんだけど。はい，どうぞ。

C66　さっきの左側のやつでやっていったら，638÷11で，それも当てはまる。

田中　638÷11が，左側の規則にあるの。どうして，どうして。638はどうやってつくったの？

C66　左側の規則で，どんどん増やしていった。

田中　この次？　198，286，374，462，550の次が638。なんで？　なんでそう思ったの？　ねえ。

C66　286の上が374ということは，十の位が1下がっていて，百の位は1上がって，一の位は2下がるんだけど，550は，一の位が0から2下がるから，十の位から1ひく。すると638になる。

田中　次が638になるというC66君の理由が，想像つく人？

C全　はーい！

田中　すごいね。ちょっとそれは大人でもわからないかも。大人はこれでもう終わりだと思っていたと思うよ。君たちは，この先があるんだね。すごいね。

　そんなにうれしそうな顔をして手を挙げてくれると当てたくなっちゃうけどさ，もう時間がきたから終わりたい。今度聞いてあげるからな。みんなのルール，今度確かめるぞ。それから，左側のルールでいくと，550の次は638を調べたらいいというのも，どうやって考えたか確かめるぞ。11で割るわり算って，面白い秘密がいっぱいあったね。はい，号令。

C67　号令。これで1時間目の学習を終わります。礼。

授業アルバム

第4学年 面積

1. 授業のねらい

二つの長方形の面積を比べるのに，データを自分で決めて確かめる活動を通して，いつも面積が等しくなることを発見し，その理由を図形の性質を利用して比べる活動を通して図形のもつ面白さを発見することができる。

2. 授業の位置づけ

面積の学習のあとで，新たな視点を子どもたちに持たせたいと考えた場面（発展的な扱いとして）。

3. この授業で育てたい力

図形の面積を比較する課題に出会うと，すぐに縦や横の長さを求めて公式を適用して解決することを思い浮かべる。だが，この問題のように縦や横の長さが正確に求められないような場合や，条件が不足していて定まっていないようなときには，自分で適切な数値を選んで確かめるという活動が必要になる。子どもたちが問題解決に向かう際には，こうした体験も必要である。いくつか数値を設定して確かめてみると，いつも同じになることに気が付く。ここでどうしていつも同じになるのだろうと改めて図形全体を見つめ直してみると，図形の性質を利用した新しい説明の仕方を思いつくようになる。

ただ本時ではその視点の切り替えがなかなかできず，子どもたちがそこに気が付いたのは40分ぐらい経ってからだった。反省が残る。

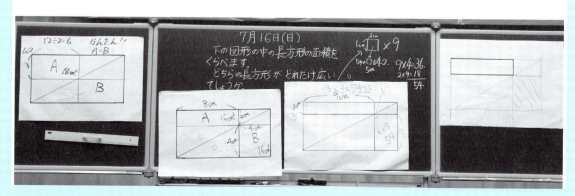

第 4 学年

START

C1 　気をつけ。これから算数の学習を始めます。礼。
C全 　よろしくお願いします。
田中 　はい，よろしくお願いします。じゃあノートを開けてごらん。問題文を書きますね。❶
　　　（問題を板書）

田中 　はい，今日はこの問題を解きます。簡単ですよね。簡単じゃない？　どうした？❷
C2 　下の図形の中の長方形の面積って，面積がわからないと。長方形がないから。
田中 　うん。他は？　問題に関して。
C3 　「どちらの長方形がどれだけ広いでしょうか」ってあるから，どれだけっていうのは，全体の広さを求めて出す。二つの面積を求めて，その違いを求めるから，そこを間違えちゃう可能性がある。

田中 　なるほど，みんなにね。ただ求めるだけじゃなくて，そこだよと。ありがとうございました。
　　　まず図がないんだからね。今日は，この図を自分たちでいまからかきます。先生が言うようにかいてください。枠をつくります。枠の長方形。枠も長方形です。
　　　いいですか。枠の長方形は，縦が 6cm，横が 12cm です。かいてごらん。縦が 6cm，横が 12cm です。❸
　　　（ノートタイム）

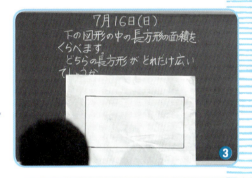

田中 　かいた？　できた？　はい。その長方形に対角線を 1 本引きます。
　　　ちょっと先生が，黒板の図でやってみせるからね。こっち向き。対角線を 1 本引きます。こういう感じ。はい，どうぞ。❹

10分経過

田中 　同じ向きにしておいたほうがあとでわかりやすいからね。はい，次。縦の辺の長さに平行になるように，どこかに線を 1 本，ぽんっと引くことにします。
　　　いいですか。どうぞ。❺
　　　（ノートタイム）

田中 　同じ色でいいから。どこでもいいです。引けた人？
C全 　はい！
田中 　はい，よろしい。次，今度は横に 1 本。横の辺の長さに平行になるように。ここに，この対角線と縦に平行な線

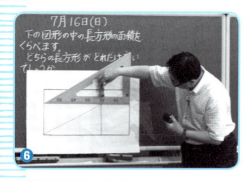

が交わったところを通るように，1本の直線を引きます。はい，どうぞ。❻

（ノートタイム）❼

田中　引いた？　見せて。なるほど，いろんなのができたね。いいよ，いいよ。先生もここに引いてみようか。

では，もう一度問題を確かめますよ。ちょっとみんな，読んでください。せーの。

C全　下の図形の中の長方形の面積を比べます。どちらの長方形がどれだけ広いでしょうか。

田中　どの長方形とどの長方形を比べる問題だと思いますか。どれとどれだと思いますか？　じゃあちょっと質問を変える。どれとどれを比べると，面白そう？

C複　はーい！　はーい！

C4　これとこれ，この右側の縦長の長方形と，この上側の横長の長方形。❽

田中　はい，ありがとう。他にある？　ちょっと待って，一度ストップ。いま，C4さんと同じところの長方形を比べてみると面白そうだと思った人？

では，まずそこからいきます。いいですか。こっちをAの長方形とします。こっちをBの長方形とします。どうした？❾

C5　Bが正方形になっちゃった。

C6　大丈夫だよ。同じ。

田中　わかった？　いま，C5君の質問と，C6さんのアドバイスを，一応みんなに説明してください。

C5　先生のBの部分が，C6さんは正方形になってるけど，正方形も長方形の仲間だからいいってこと。

田中　はい。という会話が行われました。ですから，自分のはたまたま正方形になっていても，その形を比べるのでいいですからね。質問ある？

C7　AとBが同じなのは？

田中　あら。C7さんはどんな図をかいたと思う？　いまね，「私のおんなじになっちゃうんだけど」って言ってるの。C7さんのはどんな図なんだろうね。はい，ちょっとお隣同士で想像してごらん。どうぞ。

（ペアトーク）❿

田中　どんなふうになってるか想像してください。かける人？　じゃ，黒板のこっちのでかいて。はい，どうぞ。

（児童が黒板の長方形に線を引く）

面積　第4学年

田中　C8君上手だね。うまい。⓫
C全　うまーい。（拍手）
田中　うまーい。オッケー，いいよ。で，これは，どうしてこれは，こことここが同じって言えるの？　見た目？　ちゃんと理由がある？　これ一応聞いておこうか。
C8　あの……一番中心の部分で縦の線を引くと，同じサイズの四角形ができて，それを，対角線が斜めに通っているから，それで横にも中心に線が走っているから。だから，この四角とこの四角が同じ。⓬
田中　C8君がお話ししてることがわかる人？　わかる？　自分がC8君の代わりにここに出てきたら，どんなふうに説明するか，ちょっと，お友達と練習してごらん。お隣がなかったら後ろに入ってね。
　　　（ペアトーク）⓭
田中　話し合い，オッケー？　大丈夫？　いまのC8君が説明した二つの面積が同じということを，みんなの前で発表してもらいたいと思います。ん，自信ないの？　自信がある人。C8君の言葉でなにか覚えてる言葉はある？⓮
C9　4等分。
田中　4等分。え？　ちょっと待って。4等分なんて話，したっけ。
C10　してない。全然してない。
田中　私もなんか不安になってきちゃった。

20分経過

C11　対角線。
田中　対角線って言葉は出てきた？
C12　中心。
田中　中心？　どれが手がかりになるの？　じゃあ，ちょっと代わりにお話ししよう。
C13　えっと，たとえば中心じゃなくて，違うところ，ここに線を引いたとしたら，左側が，細長い縦長の長方形になっちゃうから。中心だと，折り紙みたいにぴったり折るってこと。
　　　まず本みたいにこうやってぴったり重なるように折って，それでまた折ったやつを半分にして，ぱたぱたって折ると，全部重なってると全部同じ長方形ができるってことになる。それはさっきのC8君のと同じになるから。⓯
田中　じゃあ，ここの面積が言える人。いまみんなが同じだっ

ていう、こことここ、AとBの面積は何cm²ですか？ C13君が大事なのは中心と言いました。中心です。ノートにかいてごらん，何cm²か。

自分のかいた図じゃなくて，C7さんの場合。C7さんがもう，私のは同じになってつまんないよってさっき言ったので，それを何cm²か確かめよう。⓰

田中　いくつになった？

C14　12÷2と6÷2をして，6×3で18になる。

田中　18になった人？⓱

C多　はーい！

田中　この長さを出すのにC14さんはなんて言った？　聞いてた人，言ってごらん。12÷2で？

C多　6

田中　こっちは6÷2で？

C多　3

田中　だからAの面積は，18cm²。この問題だと簡単だなと思う。これは簡単で，AとBがたまたま一緒になりました。

C15　全部同じだと思う。

田中　え？　気のせいでしょ，それは。

C15　同じ，同じ，同じ。

田中　同じになっている人，他にいる？　まだ測ってないからわかんない？　よし，じゃあ自分のはどうなってるか調べてごらん。どうぞ。⓲

C16　先生。それどうやって調べればいいですか。

田中　あの問題を解くために，図をかいたの君たちだよ。この問題のための図をかこうとしたんだから，頑張らないと。自分でつくったんだよね？

こんなお話になるんなら，もうちょっとわかりやすい図にすればよかったなと思ってる人？

C17　はいっ！

田中　一応，C17君，自分の図をちょっと言ってごらん。

C17　縦に1ミリの線引いて，結果的に横にも1ミリの線引くことになって，もう，あーっ！てなった。⓳

C全　（笑）

田中　それでいま困ってるわけね。じゃあC17君，どんなのだったらわかりやすい？　ちょっと，いま苦労してる人は新しく，こういうふうにすればわかりやすいよと思うものをつくってごらん。どうぞ。

（ノートタイム）⓴

面積　第4学年

田中　さっきのC7さんと同じじゃないのに，面積が同じになったよという人がちらほらいたよね。ちょっとそれを見つけた人に報告してもらおう。C18君，来て。

C18　ここが4cmでここが2cmでここが8cmで，ここが4cmで，16㎠と16㎠。

田中　16㎠。これも偶然同じなんだな。㉑

C19　絶対なんかきまりがあるよ。

田中　他にこんなのやってみたよってない？　どれどれ。

C複　はーい！

🕐 30分経過

田中　見せて。おお，そんな難しいのできたの。え，君たち，そんな小数点とかできるの。説明できるの？　わかった，ちょっと危ない気もするけどいってみよう。
　　よし，3人で一緒に協力して黒板のとこでかいて。まだ小数の計算は習ってないはずなのに，実験して，ちゃんとこれが同じだとノートに書いてあるんだ。いったいどうやってやったのか。みんなも，3人がどんな実験したのかを体験してもらうために，いまから新しい長方形をかいて同じのをつくってみてください。㉒
　　（ノートタイム）

田中　うん。これ面白そうだな。どうしてこれを同じだと判断したの？㉓

子ども いきいき！ 授業の様子

C20　小数点になっちゃうから，マスの数を数えるの。

田中　なんのマスの数を数えようとしているのか，その気持ちがわかると思うので，みんなも同じのをかきます。ここからここ何cmですか。

C20　1.5

田中　1.5cmなんだって。ここからここは？

C20　9cm。

田中　9cmなんだって。㉔

田中　マスを数えるって言ってたけど，どうやって数えるんだろうね。はい，いい？　自分の図を，ここ1.5cmで横に引いて，ここ縦は9cmだって。

　　　こことここの長方形の面積を，どうやって比べたんだろうねっていま話してるんだけど，みんなはノートの方眼をいま使ってるんだよね。ここにも薄く方眼ノートと同じ目盛りがあるので，これを使っていまお話できる人いる？㉕

C複　はい，はい，はい！

田中　いっぱいいるね。どのマスを調べようとしたんだろう。

C21　僕のノートに，1cm×1cmのやつが，いくつあるかっていうので。

田中　C21君が，どのマスを調べようとしたか見てた？さっき，もっと違うのを調べようとした人いるよね。C21君のでもできるよ。㉖

C22　C21は，1cm×1cmの正方形だけど，5mm×5mmの正方形を数える。

田中　はい。C21君は，1cm×1cmの正方形の数を数えようとした。これはいままでもやったよね。今日C22さんが違うものを数えようとしています。

　　　C22さんは5mmを数えると言いました。皆さんのノートで，5mmと5mmの正方形の数，数えられる？㉗

C複　数えられる。

田中　数えられる？　じゃあそれを数えてごらん。

　　　（児童各自で数を数える）

C23　そんなことしなくてもわかるよ。

田中　いまね，C23さんがね，そうやって数えるのが面倒くさいから，私はこうしたっていうから，ちょっと聞いてあげて。

C23　1cm×1cmをまず数えて，そうすると，これは9個じゃん？

田中　まず，C21君がやってるときみたいに，1cm×1cmを数

面積　第4学年

えるんだって。すると，横に何個入りますか。㉘
C複　9
田中　9個だよね。9個，はい。
C23　で，1cm×1cmの中は，5mmと5mmの正方形が，四つ入っ
　　　てるから。
田中　これが四つだって。はい。
C23　だから，9×4にして，まず36
田中　36，はい。
C23　で，5mmと5mmの正方形の場所を数えて。
田中　で，いくつ。あわせて54。そこの二つのパーツに分け
　　　るんだな。36と18で，54。はい，こっち。もっと簡単
　　　な方法あるの？㉙
C23　この図は，5mmで考えるって言ったでしょ。まず1.5cm
　　　のとこで，1cmは5mmが二つあります。それで，残りが5
　　　mm。合わせて5mmが三つでしょう。
　　　　次に9cm，じゃあ1cmでさっき，5mmが2個あるって
　　　言ったから，9×2で18でしょ。で，面積の求め方と同

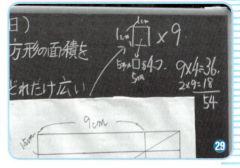

待つことが大事，でも…

> 授業はやはり難しい でも だから面白い！

　この授業では，前半，個々が自分のデータを用いて確かめるという活動が長くかかり，視点の切り替えによる説明方法を子どもたちが思いつくのに，時間を要した。授業をしながら，どの段階で教師が説明しようかと迷っていたが，ここで取り上げたのではやはり意味がないと思い，データを決めては確かめる活動だけで本時は終わってしまっても仕方ないと半ば諦めていた。大勢の参観者がいる研究会での授業だった。私のあせりが記録でもわかる。いつもより冗長に話している。写真22のシーンがそれだ。

　ところがC26の子どもの言葉から雰囲気が変わった。「うわあ，また同じのできた」という言葉だ。授業の最後になって子どもたちに火がついた。これが機が熟すという言葉だとつくづく感じた。この後は一気に子どもの中に新しい視点が共有されて，発言したくなった子どもたちがたくさん手を挙げる。やはり待つことは大切だと改めて感じたが，これを授業の半ばに起きるようにするにはどう構成すればよかったのか反省が残る。

じで，3 × 18 で出る。㉚

田中　なるほど。この小さな数を数えてるんだな。横に 18 個で，縦に 3 個だから，18 × 3 ですぐ出るよって。これはいくつ？㉛

C全　54

田中　54 だな。こっちの長方形も同じふうにやってみるよ。ここに小さなのがいくつ入ってるか，想像つく？　ちょっと数えてみるよ，自分のノートで。どうぞ。横にいくつ？

C全　6

田中　6 だな。横に 6 個分だと思えばいいね。縦は？

C24　9

田中　9。1, 2, 3, 4, 5, 6, 7, 8, 9。そうするとここは，6 × 9 で，やっぱり 54 だ。よしよし。

　　　はい。いまのところみんなが調べたのは，こうして見ると一緒だよね。まだ自分の調べてない人がいるでしょう。自分のはどう？　私のサイズは違うけど面積は一緒だったよっていう人。サイズは違うの？

C25　7cm。㉜

田中　7cm の場合もやってるのか。確かに出てきてないな。C25 さんはここを，7cm で切ったの。それでつくったのがやっぱり一緒の面積なんだって。

　　　違うふうになったら教えて。違う面積になった人。いまのところ同じのしか出てこないから。小数点の計算を使わなきゃいけないのは今日はやめておこう。いまのところ同じものしかできないので，違うのが見つかったら教えてね。お友達にも説明できるように。㉝

C26　うわあ，また同じのできた。

田中　また同じのができた？　いまね，さんざんみんな，違うのをつくろう，つくろうと頑張っているうちに，あー，また同じのになっちゃった，また同じのになっちゃったって言ってるうちに，あそこに 1 人，面白いことに気付いた人がいます。

　　　ちょっとおいで。C27 さんが気付いたことがあります。何個つくっても，どうしても同じになっちゃうから，なんか気が付いたことがあるんだって。

C27　ここの上の長方形も，ここの右の長方形も，同じここを共有してるから，同じ面積になる。㉞

田中　ちょっと待ってください。C27 さんがなにをしゃべったか，いまわかった人。え，わかるの？　超難しい話をし

面積　第4学年

てるでしょう。じゃ，ちょっと交代ね。交代ね。㉟

C28　同じことを言うんだけど，この，ここの対角線の線がある長方形の場所は，Bのところの引いた線にも，こっちの縦の線にも横の線にもあるから，同じ場所。㊱

田中　え，なにを言いたいの，これ？

C29　先生が，最初に対角線は縦と横の線を必ず交わらせなきゃいけないって言ってたから，その対角線があるから，同じ大きさしかできない。

C30　ちょっと違う。この対角線の両側の，二つの直角三角形は，この全体の長方形の半分でしょう？㊲

田中　ちょっとストップ。みんな，いいかい？　それで？㊳

C30　で，この対角線で区切った二つの直角三角形は，この左下の長方形の半分でしょう。つまり，この直角三角形とこの直角三角形が同じでしょう。

田中　いまのところまで大丈夫？　この直角三角形二つが同じ。オッケーですか。こっちの直角三角形二つが同じ。いいですか。よって，C30君とかC27さんがなにに気が付いたか，ちょっと見えてきた人いる？

C複　はい。わかった！

田中　ちょっと待って。手を下ろして。みんなが気が付いたと言ってることがちょっとまだ想像つかない人？
　　　よし，話をちょっとだけ戻すぞ。AとBの面積が違うのができたら教えてねと言ったら，みんないっぱい実験したけど，どうしても同じのができちゃうって言ったでしょ。いろいろやったんだよね。ちょっと切り刻んで数えられないのもあったけどね。
　　　そしたら，C27さんがここの右上の長方形に目をつけたわけ。C30君は，この直角三角形に目をつけ始めたわけ。彼らはいまからどんな説明をしようとしてるの。

C複　はい！　はい！㊴

田中　よし，隣同士で練習しよう。どうぞ。
　　　（ペアトーク）㊵

田中　はい，じゃあみんなの前でお話しする勇気が出た人？

C複　はい！

C31　対角線で区切った大きな直角三角形，これとこれが同じで，小さな直角三角形のこれとこれが同じで，C27さんの言ってた右上の長方形の中の二つの三角形も同じだから，長方形二つも同じ。

田中　さあ，どんな話だった？　いま自分が話し合ったことと

　　　一緒だった人？❹

C複　はーい！　はーい！

田中　よし，よし，もうやめないとね。でもなんとか決着をつけたい。よし。まだ発表してない人。最後にみんなの前で話したい人？

　　　いくぞ，最初は。最初はグー，じゃんけんぽい。❹

C複　あー。

田中　いまの最後の2人，おいで。

C32　ペアトークで教えてもらったことなんだけど，三角形のこれとこれが同じだから消して，こっちとこっちの三角形も同じだから消して。

田中　これも消した。わかった？　同じだから，消す。

C32　で，そしたら，一番大きな三角形のこれとこれが同じだから，同じところを消すと，残りが同じ面積になる。❹

田中　大丈夫？　拍手出た，拍手。

C全　（拍手）

田中　よしよし。でもさ，もうえらく時間がたってるんだよ。わかった。この続きは明日やろう。

C全　いやだ，いやだ！

田中　どうしてもしゃべりたい人。自分が説明すればみんながわかる。そのぐらいの勇気のある人？　はいC33君。

C33　ここで，対角線でバシュッてさ，ここ2等分したじゃん？　この対角線バシュッて。わかります？❹

田中　いいね，いいねえ。

C33　こことここの三角形の面積同じじゃん。で，こことここの三角形の面積同じじゃん。

　　　だから，両方同じずつの面積を，この大きい三角形の面積からひいてるってこと。だから，こことここの残った長方形の面積は同じってこと。

田中　おー！

C全　（拍手）

田中　C33君は，みんなの聞き方を確かめながらやってるから，とても上手。でも，残りはまた今度やりましょう。

　　　気をつけ。はい。全員起立。はい，さようならする。はい，気をつけ。さようなら。❹

C全　さようなら。

田中　よく頑張ったぞ，君たち。素晴らしい。

授業アルバム

第4学年 簡単な割合

1. 授業のねらい

ものごとの関係をくらべるときには差で比べる場合と倍で比べる場合があり，問題場面によってどちらを使うとよいかを判断することができる。

2. 授業の位置づけ

簡単な割合の導入場面において。

3. この授業で育てたい力

商品の値上げを考える際に，差で表現した100円値上げは本当に平等と言えるのかを子どもたちと考える。大切にしたいのは，子どもたちが自分で説明したいものを選んで反例を挙げる力である。授業では，そのためにわざと商品提示を重ねて行い見えにくくしている。また提示する品数も多くして，すべての商品を話題にしたのでは大変だと思わせるようにした。一般には，こうした問題の時は最初から比較する対象が絞られているが，それでは子どもはやらされているだけの活動になると考える。

本時では私の意図よりも子どもの方が上回っていて，その中に提示されていないものを使って説明を始めた。子どもは大したものである。

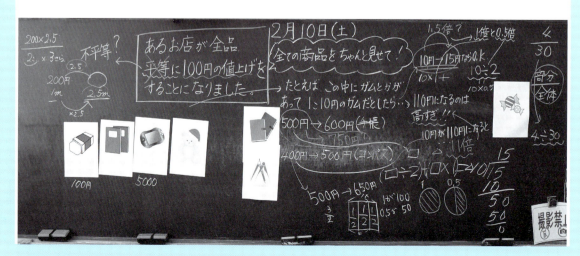

第 4 学年

START

C1　これから2時間目の授業を始めます。礼！
C全　よろしくお願いします。
田中　はい。じゃあノートを開けて，今日の日付を書きなさい。今日は何日だ。
C全　10日！
C2　先生，時計に日付，ついてないの？
田中　あ，ついてるね。
C全　（笑）
田中　では，いまから今日の問題を出します。
　　　（問題を板書）❶

田中　ここまで書き終わった人は？　ちょっと待とうか。
　　　今日は，あるお店の値上げについて考えてみようと思う。あるお店が全品，諸般の事情で値上げをしなければいけなくなりました。お客さまには申し訳ありませんが，全品，平等に100円だけ値上げさせてもらいます。このお店，いろんな商品を売っています。❷
C3　たとえば？　手帳？　家？
C4　ぬいぐるみがあるじゃん！
田中　まあいろいろなものがある。街の雑貨屋さんで，いろんな商品があります。
C5　ゲーム機もあるじゃん！
C6　全然見えなーい。一番下が見えにくい。❸

田中　手帳ね。ちょっと立派な手帳で，1冊500円。
C7　高っ！
田中　コンパスもちょっと立派なコンパスで400円。
C8　高っ！
田中　こういう，いろいろな商品があるお店です。このお店で，平等に100円ずつ値上げする，とお店の人が言い始めました。
C9　不平等だ。
田中　いま，不平等っていう言葉が出たんだが。❹

C10　先生，そのすべての商品を1個ずつズラーって並べてください。ちゃんと見えるように。❺
C11　わざと隠してるでしょう！
C12　それもあり得る。これはみんなのクレームです。
C13　トランプみたいに並べないで，真っすぐちゃんと。
田中　気になるの？
C全　気になる！

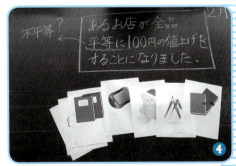

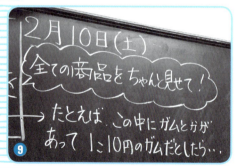

田中　もう1回見せるよ。見たいって言うからね。でもお店の商品が多すぎて，全部は見せられない。

C14　先生が，書くスペースをできるだけ多くしたいからやってるだけでしょう。あとでずらせばいいだけじゃん。❻

C全　そうだ！　そうだ！

田中　なぜ全部の商品をちゃんと見たいの？

C15　チェックして値上げをしていいものと，しちゃいけないものを確認する！❼

田中　おお。いいこと言うじゃん。C15さんの言った意味がわかる？　C15さん，もう1回いま言ったことを丁寧に言ってごらん。

C15　値上げしていいものと，しちゃいけないものを分ける。

🕙 **10分経過**

田中　値上げしていいものと，しちゃいけないものが気になるの？　そういうこと？

C16　たとえばガムとかがあったりして，1個10円のガムだったら。

田中　ちょっとストップ。

C全　確かに。

田中　もう1回巻き戻すから待って。はい，C16さん。

C16　たとえばその商品の中に1個10円のガムがあったとして。

田中　はい，ストップ。C16さんがなにを気にしているんだと思う？　言える人は？❽　増えたね。まだよくわからない？　じゃあ，C17さん。

C17　なんとなく。

田中　もちろん半分しか聞いてないんだから，なにが言いたいんだろうって想像がつかないのは普通だと思うよ。でもC16さんは，なんか気になるわけだよ。
　　　もう1回，C16さんを巻き戻すから，全員立って聞きます。全員起立。話を聞いたら，隣同士でC16さんの言いたいことは，たぶんこういうことだよね，と相談して座る。いくよ。C16さん，どうぞ。

C16　たとえば，商品の中に1個10円のガムがあったとしたら……。❾

田中　はい。なにが言いたいんでしょう，この続き。どうぞ。
　　　（ペアトーク）❿

田中　話し合ってわかったら座って，それをノートに書いてご

簡単な割合　第4学年

らん。どんなことが問題なのか。
（ノートタイム）

田中　いまノートに書いてる人が何人もいるね。500円のだと600円で，400円だと500円。⓫ これは許せるんだけど，こちらは，っていろいろ書いている。書いたことを読んでもらうよ。C18君。⓬

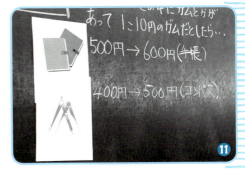

C18　たとえばこの中にガムとかがあって，1個10円のガムだとしたら，1個110円になると高すぎるから，10円から15円ぐらいに値上げしたほうがいい。⓭

田中　なるほどねえ。このガムが，110円になるのは高すぎで，C18君はこれをいくらにするんなら許せるって？

C18　15円ぐらい。

田中　15円か。10円が15円になるならOKって言ったんだよな。C21さんとC22君のノートには，みんなとは違う言葉が書いてあるんだ。高すぎっていうことを，違う言葉で説明している。なんだと思う？　ちょっと想像つかない？　想像がついた人，手を挙げて。

C19　わかったかも。

田中　聞いてみようかな。はい，C19君。

C19　値上げしすぎ。

田中　値上げしすぎね。それも言葉だな。高すぎ。値上げしすぎ。じゃあ数字を使ったら？　C20さん。

C20　11倍？

C複　あー！

20分経過

田中　11倍ってなんだ？　なんのことを言ってるんだ。⓮

C20　もともとガムが10円だったら，110円になると，10円が11個集まって110円になるから。だから11倍になる。⓯

田中　11倍に値上げしちゃったら，それは高すぎでしょうって言うんだね。じゃあC21さん，どんなふうに書いたか，自分が書いたのを読んでごらん。

C21　この中に1個10円のガムがあったら，この商品に合わない11倍の価格がついてしまい，消費者のちょっとした混乱を招く恐れがあるから。

C全　（笑）

田中　このまま政治家になれそうだな（笑）。素晴らしい。あのね，1個10円のガムはないんだが，1個10円のアメ

はあった。これ。確かに君たちが言うように，これを100円値上げしたら11倍になるよな。⑯

C22　11個買える！

田中　なるほど。で，C18君が，15円ならOKだよって言ってるんだけど，これはいいか？⑰

C全　まあまあ。

田中　まあまあ。お隣同士で，これは平等って言っていいか話し合ってみて。お隣同士，はい，どうぞ。

　　　（ペアトーク）⑱

田中　じゃあ，これぐらいはいいとするか。10円が15円になるのはOKとする？

C23　いや，だめ。

田中　だめ？

C23　そうするなら，手帳を750円にしなきゃ。⑲

C24　確かに。

田中　え？　ちょっと待って。確かにって話が早すぎ。アメが15円でOKだと言うのなら，手帳はいま，いくらになるとC23さんは言ったか。
　　　もう1回聞くぞ。10円が15円くらいならまあいいかなと皆さんはなんとなく思った。それを許すなら，500円はいくらになるって言ったんだ？　はい，C25さん。

C25　750　⑳

田中　なんで750が突然出てくるんだ？　750円，どうやって出てきた。説明できる人？

C複　はーい！　はーい！

田中　いま当てられたら困る人？

C複　はい。

田中　よしよし。いるよな。750は突然思いついたの？ポーンって。

C23　ううん。

田中　なんか理由があるの？

C23　はい。

田中　ちょっと，悩んでる人たち。10円が15円になるんだったら，500円の手帳は750円。この750が浮かんだのは，ちゃんと理由があるそうです。
　　　いま説明できる人は，そのままノートに書く。いま当てられたら困る人，立ってごらん。こっちにおいで。ゆっくり考えよう。㉑
　　　（複数の児童が黒板の前に集まる）㉒

簡単な割合　第4学年

田中　座っている子は，いまノートに書いてるんだよね？　ちょっとこっちを向いて，手を置いて。ごめんね。
　　　座っている子からなにかヒントをくれる？　立っている子たちが，「ああ，なるほど！」ってそっちに戻ることができたら上手なヒント。誰がやる？

C26　はい！　やらせてください。

田中　はい，C26さん。

C26　たとえば，10から15を。その……。㉓

田中　言いすぎると，ヒントじゃなく答えを言っちゃうからな。

C26　15だから。なんて言うんだろう……。

田中　10から15だから？

C26　15だから，全部平等に100じゃなくて，つまり500から600じゃなくて……。

C27　はい！　言いたい！

田中　あ，でも1人戻ったよ。1人座れた。はい，どうぞ。

C27　たとえばだよ。これは結構，大ヒントになっちゃうかもしれないけど，たとえば100円の物があるとします。㉔

田中　100円の物があるとします。

C27　100円の物があって，それを値上げします。それで，あれだったら150円になるじゃん？

C28　わかった！

田中　ちょっと待って。え，わかったの？　本当に？

C27　まだ言ってない。

子ども
いきいき！
授業の様子

田中　いま 100 円だったらいくらになるって言った？

C28　150 円？㉕

田中　また 1 人戻ったぞ。もう 1 回聞こう。みんなも話したいだろうけど，もう 1 回だけ聞いてやって。

C27　先生が最初に言った問題だと，10 円のアメは値上げして 110 円になっちゃうじゃん。でも，15 円にしたほうがいいってなったよね。10 円から 15 円は，プラス 5 円してるじゃん。

田中　うん。

C27　「10 ÷ 2」で，出た数をプラスしてる。「もの ÷ 2」で，出た数をたすともとの値段……。

田中　…みんな，どんどんハテナマークが大きくなってない？

C29　15 円っていうのは，1.5 倍になってて，手帳はそもそも 500 円だから，500 円に……。㉖

田中　ちょっと，いま，大事な言葉があったの，聞いてた？

C30　うん！　1.5 倍。

田中　1.5 倍。どこが？　どこが 1.5 倍？

C30　10 円から 15 円。

C31　わかった気がする。㉗

30分経過

田中　わかった気がする？　みんな，いったん戻って。ゆっくり考えよう。1.5 倍ってどういうこと？㉘

C31　10 円から 15 円というのは，「10 円 ÷ 2 + 10 円」だから。㉙

C27　そう，だから，僕さっき言ったじゃん。

田中　うん，聞いたよ。いま同じことを言ったよな。「10 円 ÷ 2」をするという話。そのあとなんかするんだよな。

C32　1.5 倍というのは，1 倍と 0.5 倍に分けられるから，10 円の 1 倍というのが 10 円で。

田中　ちょっと早い。ゆっくり。落ち着いて。1 倍と 0.5 倍に分けられるから？㉚

C32　10 円の 1 倍は 10 円。10 円の 0.5 倍は 5 円。1.5 倍は 10 円と 5 円で 15 円。

田中　それを C27 君と C31 君は，違う式を使ったんだよな。なんだっけな，10 ÷ 2？

C31　10 ÷ 2

田中　10 ÷ 2 っていうこの式は，いったいなにと関係する？整理してノートに書いて。

簡単な割合　第 4 学年

（ノートタイム）

田中　ノートに書いてるから整理するよ。今日は，お店の100円の値上げの話をしました。

　まだここまでしか言ってないのに，みんな並んでいる商品が気になったわけだ。商品によってはだめなんじゃないの，という話になり，ガムとかが1個10円だとしたら，110円になっちゃって高すぎでしょう，と。そういうの11倍っていうんだってなったわけだ。

　それで，C18君が，10円の物なら15円ぐらいなら許せるんじゃないのって言って，それならいいよって言った人もいたし，それもまだだめって言った人もいた。

　そして，10円が15円になるなら，手帳とか500円の物は750円になっちゃうよ，とC23さんが言ったよね。で，いまこの750円はいったいどこから出てきたの，というお話をしている。そこまでいいね？

　10円が15円になって1.5倍でしょう。1.5倍。この1.5倍ってどうやって出したんだろうね，そもそも。もうわかる？　はい，C33君。

C33　この10円っていうのは，10×1ということでしょう？　10円は10円の1倍に相当するから。

　これに5円だから，10÷2をたすわけ。イコール10×0.5だから，10×1＋10÷2は10×1＋10×0.5と同じでしょ。

C34　ちょっと違う。

C33　10×1＋10×0.5は，10×1.5になるでしょう？つまり10円の1.5倍になってるわけじゃん。

C34　ああ，いいよ，いいよ。

田中　納得した？　なにかつけ加えたい？

C複　はーい，はーい。

田中　じゃあ順番に。

C35　いまC33君が言ってくれたことで，10円から15円は1.0＋0.5だから1.5倍になるのはいいでしょう？　で，500円の1倍は500円じゃん。500円の1倍に，500円÷2をたしたら750円になる。

C36　だから，つまり…。

田中　それはC35君の話につなげてくれてるんだよね。

C36　小数÷整数のわり算ってしたよね？

C全　うん，やったやった！

田中　うん，うん。

C36　この計算なんだけど，15 ÷ 10 はできるよね。ここが1で，次に割るのが5になるじゃん。そのときに小数に入るから0をつけるって習ったよね。㉟

C全　うん，うん。

C36　もう答えが小数に入るから点をつけるじゃん。そしたら50を10で割るとしたら，ここに5がたつじゃん。

C全　うん，うん。

C36　だから。それで 1.5 になるから 1.5 倍になるでしょう。それで，ちょっと前の授業のノートを見るね。前の授業でC33君が言ってくれたんだけど，1m が 200 円のリボンで，それを 2.5 倍したら 2.5m になるじゃん。そのときに 200 円も 2.5 倍にしなきゃだめでしょ。それと同じで，ガムを 1.5 倍すれば手帳も 1.5 倍しないと計算が合わなくなる。

C複　そう，そう。（拍手）

田中　おしまい？　まだ言いたいことある？　はい順番。

C37　たとえばこれは元値じゃん，10 円っていうのは。この500 円ももとの値段でしょう？　元値を□だとして，値上げしたのが△だとするよ。△ね。だから，□ ÷ 2 + □ × 1 = △。10 とかで表すよりは，□ とかで表せば。もとの数字の半分にもとの数字 × 1 をたせば，△で，たとえば 15 ㊱

田中　いいね。次の方，どうぞ。㊲

C38　10 円から 15 円は，10 円 ÷ 2 をたしているでしょう。で，500 円が 750 円になったのは × 1.5 だけど，500 円 ÷ 2 だったら，250 円じゃん。それを 500 にたしたら 750 になる。だからこういう式が成り立つってこと。㊳

田中　はい。OK？

C38　OK！　その□を 400 とかにすれば，また計算できるってこと。

田中　結局，500 円はいくらになるんだ？

C複　750

田中　750。C39君，500 円が 750 円になるのは納得した？してない？　500 円，いくらになると思ってる？

C39　650 円。

田中　500 円が 650 円になるだろうと。C39君，どうしてこう思った？㊴

C39　1.5 倍してるでしょう？　その 1.5 倍は，1 が 100 で0.5 が 50 だと思ったから，500 と 150 をたしたら 650

簡単な割合　第4学年

だから。㊵
田中　1が100，0.5が50。ここまでいいよな。それで？
C39　それを500円にたしたら，650円になるから，なんでもうプラス100円になるのかがわからない。
田中　なるほど。1.5で150をたしたわけだ。
　　　C39君はこう考えたんだけど，どうだ？
C複　はーい！　はーい！
田中　C40君，カードを見てるけど，なにをやってるの？
C40　分数トランプを探してるの。大丈夫，遊んでいるんじゃないから，ちょっと待って（笑）。あった！　これで説明できる。このカードを使います。小さいからわかりにくいけど。
田中　よしよし。見せて。いい？
C40　まず，もともとの値段は，この1でしょ。で，値上げするときにその0.5倍というのはこれの半分でしょう。㊶
田中　ゆっくりいこう。いいか，こうすると1.5倍だよっていうのは，C39君，いい？　これは大丈夫？

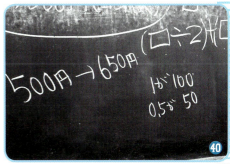

子どもが動く！授業を創るポイント

ボケとつっこみで創る授業

　この授業での子どもとのやり取りは読み返していても楽しい。私が用意していたものよりも極端な例を挙げて反論してくる姿は見ていて気持ちがいい。それが1個10円のガムだった。私の用意はせいぜい100円の消しゴムである。100円が200円になったのでは2倍で変だろうと反論してくると思っていた。彼らの挙げたたとえは，よりショッキングで何しろ10円のものが110円になるのである。11倍だ。これなら説得力もある。こうして説得のために相手がもっとも納得するのはどのような数値なのかを考えるという活動自体が，ここでは大切にしたいことである。

　さらに授業の最後にはもっと感動的なシーンも待っていた。それはなかなか納得しない友達を説得するときのことである。一人の子どもが引き出しの中から何かを探し出した。私が注意しようとすると，その子が「大丈夫です。遊んでいるのではないから。ちょっと待って」と言って，授業の前に遊んだ分数トランプを出したのである。そのカードに書かれている図を使うとイメージしやすいと考えたわけである。素晴らしいと思った。

　この子のアイデアをみんなに紹介して，後半は続きを考えてもらうように仕向けた。多くの子どもたちの胸にすとんと落ちた。この日は私もゆっくり展開できた。子どもが私の前を歩き続けた授業だった。

　こういう日もある（笑）

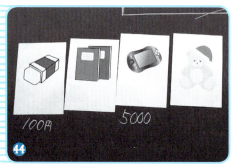

C39　うん。

田中　よし。それから？

C40　たとえば，このもとの1が10だとします。ガムの10円だとして，これはその半分なの。5円。だから，もとの10円に，0.5倍の，半分の，5円をたせば15円になるということ。

田中　よしよし。C39君，これが10円。これは何円？　半分だよ。㊷

C39　5円。

田中　5円。次はなにいきましょうか。じゃあこれが400円，半分のこれは何円？㊸

C39　200円。

C複　そうそう。

田中　次はなにいきましょうか。

C40　次は500！

田中　じゃあこれ500円。半分のこれは？

C39　250円。

田中　じゃあ，さっきの問題，いくら？

C39　750

C40　そういうこと！

C全　おお！（拍手）

C41　先生，ちゃんと商品を全部見せて。1個，隠れてる。

田中　あ，そうですね。まだ隠れていますね。はい，見せます。実はここに，消しゴム，ノート，そして，ゲーム機。

C全　おお！

C42　先生，それ何円？

田中　ゲーム機が何円か。ゲーム機ね，これは中古品で5000円でした。

C43　おお，安い！

C44　先生，クマちゃんは季節外れ。

田中　クリスマスシーズンに売れ残ったの。

C全　（笑）

田中　消しゴムっていくらぐらい？

C45　100円。㊹

田中　100円ぐらいか。こういった商品では，全部を100円の値上げしたのでは不公平だっていうことだよな。今日はそれで，1.5倍にそろえることをやりました。いいね。おしまいにします。また来週。㊺

C全　ありがとうございました。

授業アルバム

第5学年

小数のわり算

1. 授業のねらい　1より小さい数で割る場合の割り算の計算の仕方を考える。

2. 授業の位置づけ　1よりも大きい数で割る計算の学習を終えた後，それらと比較して今度は1よりも小さい小数で割る場面を考えるとき。

3. この授業で育てたい力

　1よりも小さい数で割るときも形式不易の考え方を用いて，子どもたちが立式していくことを算数の世界では期待している。もちろん，こうした考え方も大切だが，実は子どもたちはイメージが持てないでいる。このクラスの子どもたちは，実に素直で自然体でわからないことを質問してくる。この授業で説明している子どもたちは，いわゆる包含除の考え方で乗り越えようとしている子と，等分除の考え方の子と二通りがある。いずれにせよ，自分たちの生活の中の場面を具体的に想起して，懸命に友達を説得しようとしている姿がいい。

　このような問題場面を扱ったものとして授業DVD『200÷0.5という式でいいの？』(内田洋行)というタイトルのものがある。登場する子どもは年度もまったく異なるのだが，子どもが戸惑うことはやはり同じだった。形式不易でそう簡単に乗り越えてはくれないところなのである。ちなみにDVDの子どもたちの方は，当時提案していた4マスの関係表や式の変形でつないで考えようとしている。あわせて参考にしてもらうと子どもの考え方がよくわかる。

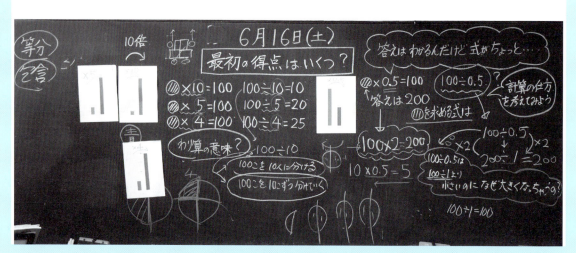

第5学年

START

田中　みんな準備できてる？　よし，始めよう。
　　　（問題を板書，図を掲示）❶

田中　この青から見て赤って何倍ぐらいだと思う？

C1　10倍。

田中　いいね。そうです，10倍です，10倍。これは青の目線から見ています。赤目線だとどうなる？

C2　$\frac{1}{10}$

田中　そうだね。最初のは青の立場から赤への変身なので，10倍になります。10倍にしたら，100点になりました。では，最初の得点はいくつ？❷

C3　10点。

田中　はい，10点だよね。どうやって出しましたか。

C4　100÷10。

田中　100÷10。いいよね。次。今度は何倍に見える？
　　　（図を掲示）

C複　5倍。❸

田中　5倍です。5倍すると100点になりました。最初の得点は何点？

C全　20点。

田中　式は？

C5　100÷5。

田中　よし，しつこくいってみよう。これは何倍に見える？
　　　（図を掲示）

C6　うーん，4倍かなあ。❹

C7　3倍！

田中　だんだん感覚が鈍ってくるな。ちょっと聞いてみよう。3倍の人？

C複　はい！

田中　4倍の人？

C複　はい！

田中　誰か確かめる？　目安つけてくれればいい。誰か，確かめるのをお手伝いしてください。使えるものはなんでも使っていいよ。はい，C9さん。
　　　（児童が黒板で何倍かを確認）❺

C8　なるほどね，原始的。

田中　上手，上手。なるほど，そこにあるカードをそういうふうに使えるのね。はい，ありがとう。何倍だった？

C9　4倍。

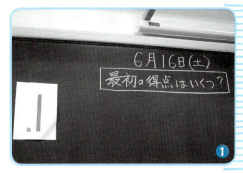

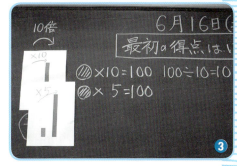

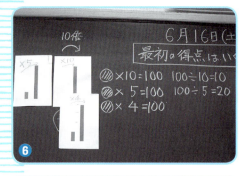

田中　4。ありがとう。はっきりしたね。C9さんのおかげでよくわかりました。
　　　4倍で100点でした。はい，最初の得点は何点？❻

C複　はーい！

C10　25だよ。

田中　25。式は？　じゃあ，全員起立。全員言えますか？隣に発表してごらん。❼
　　　（ペアトーク）

田中　隣と一致してたら座りましょう。

C11　100÷4！

田中　いま聞こえたので書きますね。100÷4。ここまで三つ出ました。10倍したら，10で割って戻します。5倍したら5で割って戻します。4倍したら4で割って戻しました。じゃあ，今度はしゃべらないで，自分で考えてノートに書く。静かにしましょう。
　　　（図を掲示）

田中　これは何倍か言いますね。これは×0.5倍です。0.5をかけると，100になりました。ではもとの数はいくらか，式はどう書くか，ノートに書きなさい。
　　　（ノートタイム）❽

10分経過

田中　ちょっとこっち向いて。答えがわかった人？

C12　はい。答えはわかるけど，計算はわからない。

田中　なるほど，いい質問だな，C12君。答えはわかるんだよね。答えを先に確認するよ。答えだけお隣同士でチェックしてごらん。
　　　（ペアトーク）

田中　確認するよ。答えはせーの。

C全　200

田中　答えは200とわかるんだね。C12君と同じように，答えはわかるんだけど式がちょっと，と言ってる人たちの気持ちがわかる人いる？　C13君，説明して。❾

C13　いままでの割る数は全部整数だったけど，ここの割る数は0.5で1より小さい小数だから，100÷0.5をやろうとしてるからちょっとこんがらがってる。❿

田中　うん。他には？　どうぞ。

C14　似ているんですけど，前までは赤と比べて青のほうが小さかったから整数をかけたけど，急に青のほうが大きく

小数のわり算　第5学年

なって、そうするとかける数が小数になっちゃう。
C15　小数のわり算はまだ習ってないから、あれ、これ本当にこうなるのかなと思って。⓫

田中　なるほど。いままでと違うところがあるっていうんだな。いままでと違うところはなんだ？
C16　割る数が。
田中　うん。割る数が？
C16　割る数が、整数じゃなくて今度は小数だから、なんか…。⓬

田中　なんか気持ち悪いわけだ。じゃあ気持ち悪くない解き方の式はある？　まず100 ÷ 0.5とすることについて、ちょっと嫌だなあと思っている人はどのぐらいいる？
C複　はい。
田中　半々だね。それで先生は、「君たちは気持ち悪くない式ってあるの」って聞きました。
C17　解き方が違うんだけど。× 0.5っていうのは半分にするってことだから……。⓭

田中　はい、ストップ。C17君が言う式はなんでしょう。全員起立。C17君が言う式はたぶんこれじゃないかと思うのが浮かんで、隣と意見交換できたら座ってごらん。
　　　（ペアトーク）⓮

田中　はい、みんな座ってごらん。じゃあ一度確かめます。どうもみんな悩んでるね。まあ100 ÷ 0.5でいけるんじゃないのっていう人と、なんとなく嫌だなって言う人がいる。そこでC17君は、みんながすっきりする式をいまから言おうとしている。C17君の説明の中で出てきた言葉、覚えてる？

⏱ **20分経過**

C18　半分。
田中　半分ってC17君が言ったな。どんな話をしようとしてるか想像がつきますか？
C19　はい。
田中　C19さんに聞いてもいい？　試しに聞くぞ。
C19　0.5は、÷ 2で、÷ 2はイコールをはさむと× 2になるから、えっと…。
C複　え？
田中　先生はC19さんのお話がよくわかったよ。C17君、任せる。続きをどうぞ。⓯

C17　最終的にやることは一緒なんだけど、青から半分にする

と100になったっていうのは，×0.5だってわかる？
C複　ああ，わかった，わかった。
C17　で，半分にしたんだから，これを戻すためには倍にしないといけないのはわかる？
C複　わかる。
C17　だから100×2です。
田中　ちょっと待って。100×2と最初に式を書いた人？
C複　はい。
田中　実は100×2と書いた人はいたんだよね。100×2だと最初の数はいくつ？　答えは？
C複　200
田中　200なんでしょう？　こっちは納得しますか？
C複　うん。
田中　こっちは納得する。100÷0.5じゃなくて100×2
C20　どっちも納得する。
田中　あ，どっちも納得する？　100×2だったら納得するという人が多かったね。じゃあ，100÷0.5も使える？使えそうだと思う人？
C複　はーい。
田中　いや，ちょっとそれは使えないという人？
C21　わからない。微妙。
田中　ありがとう。どうして微妙と感じるんだろうな。
C21　だって，まだ小数のわり算をやっていないから。
田中　やってないから，計算の結果をまだ出せないか。この÷0.5の式を立てたのはなぜ？　まだ習ってないのに。
C22　いままで，10倍と5倍と4倍でやったとおり，たとえば10だったら○×10＝100で，100÷10＝10になってるから，かけるの反対は割るだから，同じように×0.5を反対にして，÷0.5にする。
田中　C22さんは，×0.5したんだから，戻すときは÷0.5だろう，ということね。じゃあ100÷0.5，使えそう？
C複　はい。使える。
田中　じゃあ，いったん計算してみるか。
C23　どうやって？
田中　100÷0.5をまだ習っていない人でも，このようにすれば答えが出せるよっていうアイデアがあるだろう。
C複　はい！　はい！
田中　いいかい，相手が3年生でもわかるように説明するんだよ。できる？　自分の説明なら，まだ小数のわり算を

小数のわり算　第 5 学年

習っていない人でもちゃんとわかるよっていう人？ ⑳
C複　はい！
田中　13人か。いまから当てますが，手が挙がってない友達がいるでしょう。その子たちも参加させながらできる人？
C複　はーい！
田中　本当かな。C24君。言ってごらん。その次，C24君とは違う説明があったら言っていいからね。どうぞ。
C24　いま計算を工夫したいのはこの式，100 ÷ 0.5 じゃないですか。この割る数を1にしたら，割られる数と答えが一緒になるでしょう。㉑
C25　それはそうだ。
田中　全部説明しちゃだめだよ。
C24　この割る数の0.5が×2すると1になるわけだから，こっちの割られる数はなにになるかわかる？　割られる数と割る数どちらも×2するの。
C26　え？　×2するの？
C27　200？
C24　そうそう，割られる数は100 × 2 で200になるでしょう。そしたらさ，200 ÷ 1 で割る数が1になってるから，割られる数と答えが一緒になるってわかるでしょう。
田中　ありがとう。C24君は，100 ÷ 0.5 を 200 ÷ 1 にしたけど，この二つの式って同じか？
C28　なんとなく同じ。分数とかの約分に似てる。㉒
田中　なるほど，同じか。納得した？　C29君は納得してな

子ども
いきいき！
授業の様子

いよな。なにがもやもやするんだろうな。

C29 だって 100 ÷ 0.5 ってさ，100 ÷ 1 より小さいのにさ，なんで大きくなるの？ ㉓

C複 あー。

田中 なるほど。100 ÷ 0.5 は，100 ÷ 1 より小さいのに，なぜ大きくなっちゃうの？ いま C29 君の気持ちがわかる？ みんな，あーって言ったもんな。説明できる？ ㉔

30分経過

C30 割るっていうのは，÷ 2 だと二つに分けたっていうことになるから減るじゃん？ ㉕

田中 C29 君，そこまでいい？

C29 イエス。

田中 いまね，C30 君は，そもそもわり算の意味をちゃんと説明しようとしてるんだよ。それで？

C30 割る数が整数で 1 より大きかった場合，まあ，1 より大きければ小数でもいいんだけど，その場合，商はもとの数より少なくなるでしょ？ でも，割る数が 1 より小さいと，÷ 0.5 だと × 2 になるから，商は増えるでしょ。

田中 わかった？ まず，1 より大きい数で割るともとの数より小さくなる。C29 君もこれいいな？

C29 うん。

田中 C30 君，それで？

C30 じゃあ，割る数が 1 より小さい場合は，もともとの数より大きくなるっていうのはわかる？

C29 それがわかんない。

田中 それがわかんないよな！ いい話し合いをしてるよ，君たち。そこをどうすればわかるのか。難しいぞ。
でも C30 君が言ったように，そもそもわり算ってなにしてんのって考えるのはとても大事だよな。わり算ってどういう意味があったんだっけ？ ㉖

C31 二つに分けるとか。

田中 そうだな。わり算の意味を復習しよう。3 年生に戻るぞ。なんの式でやるかな。このへんにあるのでいいか。いま一番君たちがすぐにわかったこのあたりで説明してもらおう。100 ÷ 10 ってどういう意味かな？

C32 意味が二つある。

田中 ほう，二つ思いつくの？ そのどちらかが役立つかもしれないからちょっとお隣同士で二つを確かめてみて。

小数のわり算　第5学年

（ペアトーク）㉗

田中　この2人がちょうどいま上手に片方ずつお話ししてたから聞くよ。C32君とC33さん，お願い。㉘

C32　100個のおまんじゅうがあるとしますよ。

田中　君たちまんじゅう好きだよね（笑）
100個のまんじゅうがありました。

C32　で，10人の先生たちがいます。

田中　先生か（笑）

C32　その100個のおまんじゅうを10人の先生たちに等しく分けます。すると1人分の個数は何個ですか。

田中　はい。100個を10人に分ける，同じずつ分けるっていうのやったよね。㉙　もう一つもみんなに話そう。どうぞ。

C33　100枚のクッキーがあります。

田中　どうしても食べ物なんだな（笑）

C33　その100枚のクッキーを等しく10個ずつ，1袋に10個ずつ詰めていきます。その10個ずつ入ったクッキーが

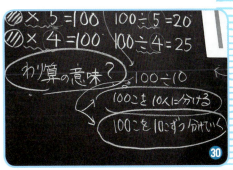

子どもが動く！授業を創るポイント

式から具体を考える

　私は1よりも小さい数で割るわり算の計算について考える授業に，何度も方法を変えて挑んでいる。子どもたちがもっとも苦手とする場面だからである。以前のDVD『200÷0.5という式でいいの？』（内田洋行）では，「0.5mが200円のリボンがあります。このリボン1mの値段はいくらでしょう」という具体的な問題場面を先に提示して，これを200÷0.5と立式するのに抵抗はないかを子どもたちに尋ねた。

　今回の授業では，問題場面をテープ図で関係だけを先に示し，子どもたちが説明するときに自分たちでいろいろな具体的な場面をたとえに使って説明するという方法をとった。ここが大きな違いである。こちらの方法だと包含除の説明と等分除の説明の両方を，子どもたちは自由に使うことができる。後半の話し合いでは，二つの意味を比較しながら話し合っていくことが自然にできている。

　具体から式へ，式から具体へと両方をバランスよく取り入れていくと子どもたちが苦手を乗り越えていきやすいのではないかと考えている。

入っている袋は何個できますか。

田中　10個ずつ分けていくんだよな。㉚ いいよ。ちゃんと意味が二つできてる。100÷1は，どういう意味だ？

C34　100を1人に分ける。

C33　100を1個ずつ配る。

田中　1人に分ける。なるほど。もう一つは，100を1個ずつ，配っていくんだな。いいか。100個を1個ずつ配ると，何人に配れる？㉛

C34　100 ㉜

田中　100人に配れるでしょ。C29君が，100÷0.5は，100より小さいのに，なぜ大きくなっちゃうのって聞いてるわけだ。100を0.5個ずつ分ける。
　　　C29君，100÷0.5の意味，言葉で言ってごらん。

C29　100個を0.5個ずつ分ける。

田中　100個を0.5個ずつ分ける。イメージがつく？

C29　うーん…。

C35　ちょっとイメージつかない。

田中　これを0.5個ずつ分ける。はい，C36さん。

C36　100個を0.5ずつ分けるってことは，何人に分けられるかっていうことで，10個ずつよりも大きい。

田中　C37さん，C29君とC35君を納得させよう。㉝

C37　まず，100枚のせんべいがあります。それを0.5，つまり半分に分けます。この0.5個を1人に分けていくでしょう。そしたらこの半分のせんべいは何人に渡せる？

田中　最初に，100÷1のほうから話してくれない？　ちょっとスローモーションで。

C37　じゃあ，100枚のおせんべいがあります。で，1人一つずつ分けていくと，何人に配ることができる？㉞

C29　100人？

C37　100人でしょう？

田中　そこはいいよね。100枚を一つずつ分けたら，100人に配れる。それでC29君は，100÷1よりも，100÷0.5のほうが答えが大きくなっちゃうのはなぜって聞いたんだよね。

C29　うん。

C37　これを全部半分にしていくと，1人分が0.5枚になるのわかるよね。㉟ その0.5枚は何人に分けることができる？

C35　だからそれがわかんない。

C37　100枚を半分に分けます。そしたら何枚になる？

C35　合計100枚です。
C37　1枚のせんべいを二つに分けると，2個になるでしょう。100あった1が全部，2, 2, 2…になるんだから，2×100は？　この0.5枚分のせんべいが，200枚ある。
田中　ちょっと待って。なにが200枚あるって？
C37　えっと…。
C38　でも，言ってることはわかる。
田中　自分だったらどう説明する？　100÷1の答えは？
C全　100
田中　100。100枚のせんべいを1人に1枚ずつ渡すんだよな。だから100人に配れる，これはいいんだよね。でも，100÷0.5をすると，どうして答えが大きくなっちゃうの，というところね。よろしく，C39さん。
C39　100枚の折り紙があるとします，それを二つに分けると，2枚になるでしょう？㊱

C29　うん。
C39　それで，100枚をすべて2つに分けると，200になるんだけど，わかる？
C35　もとの1枚を半分にしたってこと？㊲

C39　そう。
田中　もとの1枚を半分にするのは，なぜ？
C39　0.5だから。
田中　0.5ずつにしたいんだって。㊳

C39　1枚を半分にして，そうすると，1枚が2枚になってるんだから…。
田中　よし，いったんストップ。いまからグループでやろう。誰が説明するかはその中でじゃんけんで決める。いくよ。
　　　（グループトーク）
田中　ストップ。いまC40さんが，授業中にカード取り出したから遊び始めると思ったら，なんか意味がありそう。このカードなにか役立たないか？㊴

C複　役立つ！
田中　このピザが一つ書いてあるカード，これが100個分。じゃあ，こっちの半分のピザが書いてあるカード，これだったら，ピザ何個分？㊵
C40　50
田中　50だ。じゃあ，このピザ一つのカードと，ピザ左半分，右半分のカードを合わせると一緒。これは納得？
C複　えー？

田中　じゃあ，C41 さんに任せる。

C41　0.5 + 0.5 は 1 でしょう。このカードが 1 でその半分が 0.5 だとして，この半分が二つあったら 1 になる。

田中　半分のが二つあると，1 になる。それはいい？ ㊶

C複　うん。

C42　ここに円を $\frac{1}{2}$ したカードがあります。こっちは $\frac{1}{3}$ のカードがあります。$\frac{1}{2}$ のカードと $\frac{1}{3}$ のカードはどっちのほうが大きい？ ㊷

C複　$\frac{1}{2}$

C42　だよね。じゃあ，分母が 2 と 3 だったら，2 のほうが大きくなるってことじゃん？　だから，少なく分けたほうが 1 個分は大きくなる。

田中　少なく分けたほうが 1 個分が大きくなる。

C43　C42 に近いけど，$\frac{1}{3}$ は 1 を 3 個に分けた数でしょう？

田中　1 を 3 個に分けた。はい。

C43　で，$\frac{1}{2}$ は，1 を 2 個に分けた数でしょう？ ㊸

田中　うん。2 個に分けた。はい。

C43　で，100 枚のクッキーがあったら，2 人で分けるのと，3 人で分けるのだったら，2 人で分けたほうが 1 人が食べられる枚数は多くなるから，少ない人数で分けたほうが，1 人分の数は多くなる。

田中　よし，食べることを想像しよう。C29 君に説明して。

C43　おせんべいが 100 枚あって。

田中　おせんべい 100 枚あります。

C43　それで，その 1 枚を 1 人が食べるとしたら，何人分ある？　100 人分あるでしょ。それで，おせんべいを半分にしたら，1 枚につき 2 人が食べられるんでしょう？　さっきよりは大きさがちょっと小さくなるけど，分けられるよね。この半分を 1 人で食べるとしたら，1 枚につき何人食べられる？

C29　2 人？

C43　で，それが 100 枚あったら何人になるかわかる？

C複　うん！ ㊹

田中　納得する？　じゃあまたやろう，来週。

C複　えー！　先生！　先生！ ㊺

田中　もう時間だ。でも，納得するまで聞くっていうのは素晴らしいことで，おかげでみんなが必死で説明するっていうことができるでしょう。今日，君たちが話したこと，実は出てきた式に全部関係するんだよ。終わります。

授業アルバム

第5学年

正多角形

1. 授業のねらい

正六角形の六つの角度の和を求める方法を考え，説明することができる。

2. 授業の位置づけ

単元「図形の角」の学習で三角形や四角形の角度を学んだ後，学んだことを活用して新たな課題解決に向き合わせる時間。

3. この授業で育てたい力

学んだことを活用する力を育てることがここでの主な目的だが，思考力育成を考えるとき，私は問いかけに正対するように育てることを大切にすることを強調している。だからもしも子どもの答え方が問いかけに正対していないと思ったら写真6のときのように「いま先生はなんて訊ねた？」と問いかけ自体を確かめることを意識している。ここでは私は「こんな間違いをする人が多いんじゃないか」を想像してみてと訊ねている。正解を話すのではなく，友達の間違い方を想像するのである。正解ばかりを話題にしないで間違い方を話題にすると，思考の過程が表出できる。何より間違えたことのあるこの方が話すことが増える。いろいろな意味で価値観の転換になる。

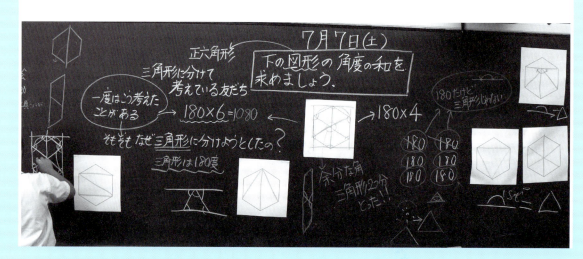

第5学年

START

田中　始めます。問題文を書きます。このパターンだと，次の文章はわかるかな。書いてごらん。

C1　いろいろあるけど。

田中　意味が同じならいいことにするよ。

C2　求めよ。

田中　求めよ。さらば開かれん。

C3　求めましょ？「しょ」で終わったほうがかわいい。

田中　遊んでる場合じゃない（笑）❶

C4　求めましょう！

田中　簡単だな。でも，一応ノートに書いてもらおう。質問がある人どうぞ。❷

C全　はーい。

田中　3人の質問を聞きます。それを聞いてから作業します。

C5　たくさんある場合は，たくさん並べていいの？

田中　たくさん思いついたの？

C5　たくさん。❸

田中　時間があるときは書いてください。

C6　いままで習ったやつじゃないものはだめ？

田中　習ったやつじゃないのはだめってどういう意味だ？

C6　たとえば，公式とかがあったらそれ使ってもいい？

田中　全員に説明できる？

C6　説明はできる。

田中　よし。みんながそれを知らなくても理解できるように説明できるのなら，やることにしよう。

C7　それは正六角形ですか。

田中　なるほど。その質問が先にほしかったな。
　　　正六角形に見える人？　はい，正六角形です。ではもう解けますか？

C全　はい！

田中　できる？　ではどうぞ。問題を解くときなので，ノートに正六角形のつもりでかけばいい。説明をするときはフリーハンドでも構わないです。

C8　いいの？

田中　いいよ。どうやって，下のこの正六角形の角度の和を求めるのかを書くんだよ。

　　　（自力解決）❹❺

田中　だいたいいいかな。いま，見て歩いていると，三角形に分けている人がたくさんいます。他のもいますけどね。

ちょっと質問します。この問題を三角形に分けたのだけど，こんなふうな間違いをする人が多いんじゃないかっていうのを，ちょっと想像してみて。間違いだよ，間違い。こんな間違い。はい，どうぞ。

C9　三角形が4個分に分けられたとしても，三角形の内角×四つ分って考えそう。❻

田中　もう1回。いま先生，なんて尋ねた？

C9　間違える。

田中　そう。間違えちゃう人。どういうふうに間違えちゃう人がいると思う？　もう1回説明して。

C9　だから，正六角形があったとしたら，三角形に分けたとしても，三角形の角の和を全部正六角形に入っていると思って，180°×三角形が入っている数にする。❼

10分経過

田中　C9さんはどんなふうに分けるのをイメージしてるの？ちょっと聞いて。いまC9さんが話していたことをわかるようにちょっとしてくれる？　C9さんが話したいことを想像できる人？❽

C10　はい。たぶんだけど。

田中　かくと少しは伝わるんだな。もう1回C9さんの話を巻き戻すよ。いい？　じゃあ，もう1回しゃべってごらん。

C9　三角形が六つに分けられたけど，でも，三角形が六つ分だからっていって，三角形の180°×6にする必要はない。

田中　そういうことが言いたかったのか。なるほど。でも，C9さん，このとき式はどうなるの。その間違える人は？

C9　180°×6

田中　C9さんが，上手な説明したよね。いいかい，ちょっと，それじゃ最後にもう1回最初から言ってごらん。❾

C9　正六角形を正三角形六つに分けられたとしても，正三角形の180°×六つ分の6をかけたら間違い。

田中　間違いなの？

C9　そこから直す方法はあるけど……はい。

田中　ちょっと質問を変えよう。一度はこう考えたことあるっていう人？

C多　はい。

田中　どうして，一度はこう考えちゃうのかな。どうして？

C10　三角形を六つに分けたらいくつになる？❿

C11　1080 ⓫

正多角形　第 5 学年

田中　ここに書いておこう。先生は、これを正しくしてくれと言ってるのではないよ。みんなが一度はこう考えちゃうのはなぜだろうなって聞いたの。なぜだと思う？

C12　三角形の角の和は180°で、六角形の中に三角形が六つあって、その角度の和を求めましょうって書いてあるから。どうしても三角形の角の和を六つかけちゃう。⓬

C13　一つの角度につき180°みたいな考え方。三角形に1角ずつ増えるごとに角の和が180°ずつ増えてくるの。実際やってみるとそうなるんだけど。だから1角目で180って考えたら180×6

田中　そもそもなぜ三角形に分けたいの？　理由なく三角形に分けているの？

C複　違う。

田中　ちょっと全員起立しよう。⓭
　　　一度はこう考えたっていうんだから。なぜそもそも三角形に分けようとしたのか。理由を説明できる人は座ってください（大勢着席）。なにかをするには理由があるだろう。

C14　前の勉強で三角形の内角の和が180°と習ったから、それを利用したいから。

田中　ということだよね。
　　　よし、みんな座ろう。いいかい、君たちはこれまでの勉強で三角形の三つの角をたすと180°と習ったんだろう？それを使おうとしたんだよね。正六角形を見たときも、「あ、三角形に分ければできる」と思ったわけだ。だからこの考え方は間違ってないだろう？⓮

C複　でも、でも…。

田中　だから一度はみんなこう考えたくなるのも自然だろう。でもなんで修正？　そのままじゃだめなの？

C複　そのままじゃだめ。はいはいはい！

田中　なぜだめか、理由が言える人？

C複　はい、はい！

田中　いま手を挙げられない子、こっちを向いてごらん。質問を変えるよ。このままでいいよね？　三角形に分けたもんな。

C15　でもでも。はい、はーい！

田中　どうぞ。

C15　「下の図形の角度の和を求めましょう」って言ってるんでしょう。求めたいところってどこかわかる？⓯

20分経過

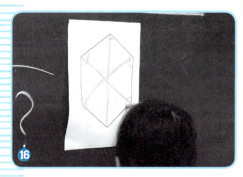

田中　C16さん，求めたいところに色つけてごらん。⓰

C15　これ180×6になると，三角形の角度を六つ求めちゃうでしょ。だから，他にどこを求めちゃうことになる？

C16　ここ？

C15　そうそう。⓱　それで，求めたいところはこことこことこことここでしょう？　だからここはいらない。だからこの1080から…，それで，ここの角度は何度かわかる？

C16　360

C15　そうそうそう。だから，1080から何度ひけばいい？⓲

C16　360

C15　そうそう。だからそれが答えってこと。

C16　ああ！

田中　いまの話，もう1回できる人？

C全　はい！　はい！

田中　では隣の人とじゃんけんをして，勝ったほうが説明。（ペアトーク）⓳

田中　よし，ちょっと確かめるぞ。C17君，やってごらん。

C17　まず，この文章題で，下の図形の角度の和を求めましょうというとき，どこの角を求めたいかわかる人？⓴

C全　はーい！

田中　いいね。はきはきしていい。

C17　そう，こことここですね。180×6だと，ここを余分に数えちゃう。だから，ここは360°だから，360°をひくと，180かける……。

C複　頑張れー。

C17　180×4になって……。

C全　え？

田中　なぜ，え？って言ったの？
　　　とりあえずまずC17君終わりまでやろう。どうぞ。

C17　180×4だから。

田中　聞いてた？　じゃあC17君が言った式を書くよ。180×いくつって言った？

C18　4

田中　なんで減ったんだ？　だって180×6って言ってたんでしょう？

C複　はーい，はーい！

C19　180×6は，三角形が1，2，3，4，5，6個分ってことで，余分な角度になるここは，平行っていうか直線の

正多角形　第5学年

180が2個だから，三角形の180と直線の180は違うから，180×4は，式としては成り立っているけど，意味としては成り立っていない。㉑

田中　なんのことだ，いったい。みんなは，わかったのかな？㉒
C全　はーい，はーい！
田中　わかった，わかった。しゃべらせるから待って（笑）
　　　はいC20さん。
C20　C17が言ってるのは，ちょっと書くと……。
田中　なるほど。いいね。
C20　180が6個あって1080でしょう？　三角形が6個分でこれは三角形の内角の和。真ん中は360°でしょう？
田中　ちょっと待って。いま反応がなかったぞ。㉓
C全　うん，そうだよ。
C20　360°は，180の2倍です。ってことは，ここの真ん中をひいたら，180×4になるでしょう。
田中　ありがとう。こうするとイメージがわきやすいよね。かけ算の式で四つ分，一つずつは180。これをいま，三角形と考えてたわけだ。はじめは三角形六つだった。じゃあ二つ取ったのはなんだって？　この二つ取ったのを，同じ180だけど，三角形じゃないよとC19さんは説明したんだよ。㉔
C複　三角形？
C21　三角形にはなってないけど，三角形。

㉑

㉒

㉓

> 子どもが動く！授業を創るポイント

聞き手参加型の発表ができること子どもを増やす

　この実践だけではないが，このクラスの子どもは自分の発表の最中に聞いている人にも参加させるように尋ねることができている。たとえば写真15がそれである。聞いている友達に対して「求めたいところはどこかわかる？」と訊ねている。この子はその後の発表のときも区切りながら聞き手に参加させるように心掛けている。だから，多くの子どもが話を聞かざるを得ない状態になっている。
　このような聞き手参加型の発表は，教師も見習うべきだと思う（笑）

田中　三角形にはなってないけど三角形ではある。

C21　ここの180°は，三角形にはなっていないけど，この六つの三角形の一つずつの角度が，合わさって360°になっているのはわかる？

C全　うん。

田中　ちょっと，どういうこと。もう1回言って。

C21　この六角形の内角ではない部分。分けた三角形の角度が合わさって360°になっているから，三角形ではある。㉕

C22　はい，はい！

🕐 30分経過

田中　別の話をしようとしてない？　関係がある話？

C22　関係ある話。C21さんが言いたいのは，この360°は，180°に見えるかもしれないんだけど，この三角形からここをひいた分，ここの三角形からここをひいた分，っていうのが六つ全部合わさって360°になっているわけだから，直線2個じゃなくて，三角形一つずつのいらない60°が全部合わさって360°㉖

田中　さあ，なにを言ったでしょう。ここに余分な角度があって，それをどのように考えるかを，いっぱい話してくれたんだよね。C19さんが言ってくれたように，ここの余分な角度は180°だけど，三角形じゃなくて，直線だと考える方法があるよね。直線何個分だ？㉗

C全　二つ。

田中　二つ分だな。直線二つ分を取った。いやいやこれは三角形二つ分取ったのと同じだよ，という人もいる。三角形二つ分取ったと見ることもできるんだって。㉘

C全　どっちなんだろう。

田中　そもそも，あの形は三角形が何個ある？

C全　六つ。

田中　六つ。あれから三角形二つ取ったら，そもそもどんな形になるんだ。想像つく？

C全　あれから取っちゃったら大変なことになる。

田中　これから取っちゃったら大変なことになるな。これからちょっと取ってみようよ，どうなるか。これから三角形二つ分取ったらどんな形になる。

C全　その分け方では。

田中　だっていまここから話したでしょう。

C全　そうだけど，そうなるからおかしいんです。

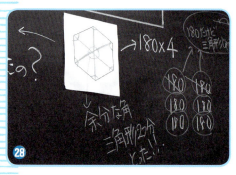

田中　君たちの話だと，ここから三角形二つ分取ったやつと同じになるんだろう？

C全　違う，違う。

田中　はい，C23君。なんの話をやっている？

C23　ちょっと待って。

田中　待ちます。

C23　ちょっと確かめたい。㉙

田中　なにか確かめたいことがあるわけだね。C23君がなにを確かめ始めたのか，想像しておきましょう。じゃあそのひき方じゃだめって言った人？

C24　だめでしょう。

田中　どうして？

C24　だって，「三角形二つ分」だから三角形二つを取ったわけじゃなくて，ここの360°が三角形二つ分になるっていうことだから，その三角形二つを取るわけじゃない。㉚

田中　そうだな，ああ，そういうことか。

C複　でも，一緒じゃない？

田中　一緒なの？

C24　いや。意味が一緒じゃない。

C25　ていうか，前にもこんなことを言ったような気がするんだけど……こことこことこことここをたすので，なぞの中央にこの○が入っているんだけど，それは確かに三角形の$\frac{1}{3}$の60°，60°，60°…だから，たして180°で三角形二つ分みたいな考え方をしているわけです。㉛

田中　うん。

C25　でも明らかに，縦の線の上にあるここの三角形が，それが可能なら，イコール三角形になるのは絶対おかしいんですけど。㉜

田中　おかしいのか？

C25　直線が三角形になったら，直線が瞬間的に三角形に変身したら絶対おかしい。

C全　それはおかしい。

田中　わかった。でもいまは，角度の合計を出すことをやっているんだよ。角度の合計は，直線の角度は何度？

C全　180

田中　三角形三つの角は？

C全　180

田中　これは同じなんだよな。それを利用していま説明したんだよね？　二つの考え方ができるって言ったんだよね。で，

いま分け方が違うって言ったのはどういうこと？

C26　はい，これ。㉝

田中　はい，はい。それにするのが最初からすっきりするわけだ，なるほど。

　　　いまからC26さんが，三角形の別の分け方をします。C26さんが三角形いくつに分けてるか想像つきますか？㉞

C複　もうわかる。だってさ，かいてあるんだよ。㉟

田中　ところが違うんだな。君たちとは違う発想なんだよ。C26さんに聞くよ，いくつに分けた？

C26　四つ。

C複　わかった，わかった。

田中　言っちゃだめだよ。どれ，どれだと思う？　これ？

C27　違う！　先生。先生！　ひどーい。見てない。

田中　見てますよ（笑）

C27　絶対見てない。

田中　じゃあ，あとで当ててあげる。

C28　ねえ先生。後ろも当ててよ。

田中　君のも，C26さんとも違うし，C27君とも違う。

C28　僕がやったやつ？

田中　うん。はい。㊱

　　　こういう分け方，思いついた人？

C複　はーい。

田中　これだと，最初から四つ分だよね。で，求めたい角度がちゃんとある？

C複　はい。

田中　さあ，C26さんのは，同じ四つだけど違う。C27君のも違うんだよ。先にどうぞ。

C27　まず，こう分けるわけですよ。で，この四角形を三角形二つ分だから，これをこうやっちゃう。㊲

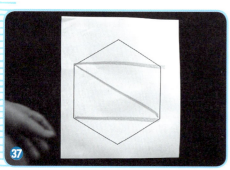

C複　そう，それそれ！

田中　C26さんのはまた違うんだな。どんなふうに分けていると思う？　1本だけ引くので，C26さんの分け方を想像して，あとで自分でかくことにします。じゃあ1本目。㊳はい，ここまで一緒です。じゃあC26さんがどうやって分けてるか，想像してかいてごらん。どうぞ。

C複　わかんない。全然わかんない。㊴

　　　（子どもたちが個々に先生に質問しながらノートに記入）

田中　見せて。なるほど。なんか別の四つに分ける方法とか出てきたからさ。一応，C26さんのを見ましょう。どうぞ。

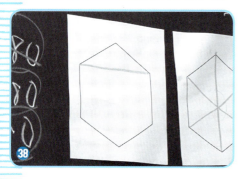

正多角形　第5学年

C26　大きな三角形が真ん中に一つ，端に小さいのが三つ。❹
田中　これで求めたい角が全部ありますか。
C全　あります。わかった！
田中　こうすると余分がないわけだね。余分があるのから三角形二つ分取った，直線二つ分取ったと考えるのと，余分を出さないでやろうとする，三角形四つに分ける方法はもっともっといろいろできるよね。
C複　違うのができた！　新しいのがある！
田中　ちょっと待って。いま疑問に思っている人がいるから一つだけ紹介して終わる。
C複　わかった！　はい，はい！　やり方がわかりました。
田中　うん。わかったかな。じゃあ，どうぞ。❹
C27　わかった。
田中　わかったというから説明して。どうぞ。
C27　僕のはこうして三角形を五つに分けてるんだけど，さっきのは360°ひくけど，これは，もう三角形として成り

> 授業はやはり難しい
> でもだから面白い！

記録を取ってわかることもある

　記録を読みながら前半は私もゆっくり子どもに乗っかっていっているのが，後半になると子どもの話よりも私が先を歩き始めた瞬間がある。実はこの記録を読んでいて，はっと気が付いたことがあった。子どもたちの言いたいことを私がよく理解していないなと思えるところがあるからだ。こうしてすべての記録をとって誤魔化さず振り返ると，大切なことに気が付くことができる。

　ただ，それでもこの日の子どもたちは，そんな私を押しのけて負けてはないから大したもの。次から次へと前に出てきて，自分の考えを説明するのに黒板を自在に使う。こんな日は板書は子どもに占拠されてしまう。

　見た目は無茶苦茶になるが，私は教師がすべて書いて見た目がきれいな板書より，こうして子どもが使う方が本当は好きである。

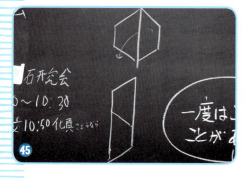

立っているから，余分なここの180をひいて…なんだろう。うーん。㊷

田中　え？　いまこれだといくつ分？　三角形。

C複　5

田中　5個分だよね。で，C27君はいくつひこうとしたの。

C27　さっき180ひこうとしたの，そのままでいい。

田中　どうして180でいいの？　それを聞いて終わろう。

C27　三角形で出している角としては，こことここかなんですけど，ここは出してなくて，こっちだけを余分な分として出してるから，そこのここは直線で180°だから，この五つから180をひく。㊸

田中　ただ三角形に分ければいいんじゃなくて，求めたい角度のところをちゃんと意識しているかどうかが大切なんですね。で，三角形に分けました。必要ないところがどこなのかなと考えます。この場合，ここ真ん中全部ひいちゃだめだよね。本当にいらないのは，この下だけですねということでした。だから，三角形1個分減るんだ。

　　実は他にもいっぱいいろいろな分け方してたよね。言いたいと思いますが，時間になりました。

C28　はーい，はーい！

田中　じゃあC28君！　しゃべってないからね。そこにかきますか。どうぞ。

C28　えっと，こうやって。これをここに真っ二つに割って台形にして，これでもいいんだけど，台形をここにつなげて平行にして，そしたら誰か前にやってたじゃん。そしたらここが180°になるから，これとこれが，あれとあれ，正六角形になって…。㊹

田中　お，ちょっと待て。それは面白い。こうして切って，持ってくるわけね。㊺

C複　ああ，平行四辺形！　すごい。

田中　これだとどうなるんだ？

C複　360°じゃない？　360×2

田中　これ使えそう？

C複　はい，使えます。

田中　またそういうのも確かめよう。いろいろなアイデアがたくさんありそうです。ここで終わります。全員起立！
　　はい前向きなさい。これでさよならを言いましょう。はい，さようなら。

C全　さようなら。

授業アルバム

第6学年 分数のわり算

1. 授業のねらい　分数のわり算はなぜ逆数をかけるのでよいのかを説明する方法を考える。

2. 授業の位置づけ　既に計算の仕方を複数通りの説明をした子どもたちに新しい視点による説明の仕方を考えさせることで，形式とのつながりを見出させる。

3. この授業で育てたい力　子どもたちは，既に分数のわり算の計算の仕方を複数通り考えている。本時では，新しい視点での計算の仕方を教師から投げかけ，その方法が使えるかどうかを吟味している過程で，逆数をかけるという形式とのつながりを子どもたち自らに発見することを期待している。意味を考えて通分などの方法を用い答えは出すことはできるけれども，なぜ逆数をかけるのかという形式とのつながりまでは一般には難しい。

新しい視点による問題解決を通して，今までの解き方を振り返るとともに，形式とつながる瞬間に焦点をあてた時間としてみた。

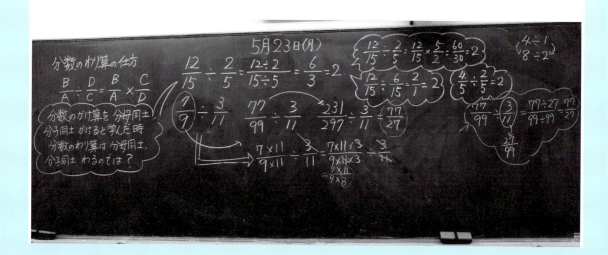

第6学年

START

田中　では，授業を始めます。
　　　まずは，いままで勉強したことをまとめましょう。私の（板書の）続きを書いてください。❶

　　　これまで分数のわり算の計算の仕方をいろいろ考えてきましたよね。図をかいたり，場面を考えたりしてきました。結果としてどうやら，$\frac{B}{A} \div \frac{D}{C} = \frac{B}{A} \times \frac{C}{D}$と同じことが見えてきました。今日は，質問を変えます。君たちはこの前に分数のかけ算を勉強しましたよね。分数のかけ算のときは，分母同士をかけ，分子同士をかけるのをやってきました。
　　　分数のかけ算のときに分母同士をかける，分子同士をかけると勉強した人が分数のわり算に最初に出合ったとき，普通はどうすると思いますか？

C1　普通じゃない。

田中　確かに，普通じゃない（笑）
　　　素直に考えて，最初に出合ったとしたらどうする？

C複　はい，はい！

C2　分母同士，分子同士を割ればいいんじゃないですか？

田中　そうだよね。君たちは，やったことある？

C複　ないです！

C3　ないです。やってみたい。❷

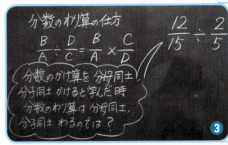

田中　よし。じゃあ，やろう。うまくいくかどうかわからないけど，問題を出すぞ。$\frac{12}{15} \div \frac{2}{5}$ ❸
　　　さあ，ノートに書いて，分母同士，分子同士を割っても大丈夫かどうか試してごらん。ここはしゃべらずにいこう。
　　　（自力解決）❹

田中　さて。やってみた？

C全　やってみた。

田中　うまくいく？

C全　はい！

田中　じゃあ，15 ÷ 5 はいくつ？

C全　3

田中　12 ÷ 2 はいくつ？

C全　6です。❺

田中　それで？

C全　2

田中　この答えは合っている？
　　　この答えが合っているという説明が出ますか。はい，C4君。

C4　$\frac{12}{15} \times \frac{5}{2}$で$\frac{60}{30}$となります。

田中　$\frac{12}{15} \div \frac{2}{5}$を$\frac{12}{15} \times \frac{5}{2}$とやって，30分の…。

C全　60！

田中　$\frac{60}{30}$だから$\frac{6}{3}$で2ですね。答えは合っていそうだね。
　　　では，「ひっくり返してかける」を使わないで答えが2だという別の説明ができますか？

C5　$\frac{2}{5}$の分母を15に倍分して，$\frac{6}{15}$にします。それから$\frac{12}{15} \div \frac{6}{15}$で計算します。❻

田中　C5君の説明を理解した人？❼

C複　はい！

田中　ざっと半分だ。他の人に聞いてみようか。

C6　分母を通分します。
　　　$\frac{12}{15} \div \frac{2}{5}$になっているから，$\frac{2}{5}$を$\frac{6}{15}$に通分して15÷15は1だから15÷15は消して12÷6は2

田中　みんな，この長い話を理解した？（笑）

C全　はい。

田中　自分で説明してごらんと言われたらできる人？
　　　ちょっと隣同士で練習しよう。どうぞ。
　　　（隣同士で説明し合う）❽❾

10分経過

田中　なるほど。いま見ていて面白かったのは，隣同士で話しているうちに，「ああ，そういうことね」って言っている子がいました。
　　　つまり，さっきはわかっていなかったということだね（笑）
　　　というわけでC7さん，もう1回説明してくれる？❿

C7　$\frac{2}{5}$の5を15にするときに3倍されるから，2も3倍すると$\frac{6}{15}$になる。
　　　$\frac{12}{15} \div \frac{6}{15}$をすると，15÷15で分母が1になって，分子同士のわり算になり，12÷6で2になる。

田中　$\frac{12}{15} \div \frac{6}{15}$の答えは本当に答えは2で大丈夫？

C8　$\frac{12}{15}$の中に$\frac{6}{15}$はいくつ入るかだったら二つしか入らない。

田中　そういうことですね。
　　　本来はわり算というのは，$\frac{12}{15}$の中に$\frac{6}{15}$が何回入るかって考えるわけだから，2回入ることでイメージつくよね。⓫

分数のわり算　第6学年

さて，ひっくり返して計算する方法でも確かめました。通分しても確かめました。

他にもうないですか？（少しの間）いま，こっち（分母）を15にそろえたんだよね？

C全　ああ，そうか！

田中　はい，どうぞ。

C9　$\frac{12}{15}$を，今度は5分の…に通分して，15を$\frac{1}{3}$倍したから12も$\frac{1}{3}$倍する。

田中　3で割ったということだね。それで，5分のいくつですか？⑫

C全　4

田中　$\frac{4}{5} \div \frac{2}{5}$として，答えは？

C全　2！

田中　やっぱり同じだよね。$\frac{4}{5}$の中に$\frac{2}{5}$は2回入るものね。ということは，分母同士，分子同士を割ればいいということですね。

> 子どもが動く！授業を創るポイント

反例を出しては試すこの活動自体に意味がある

　この授業では，分数のわり算にはじめて出合った人は普通どう考えるだろうということをこちらから持ちかけることがスタートになっている。6年生ぐらいになると先行知識もあるのでどうしても逆数をかけるなどの方法が先に出てくることが多いけれど，一度素直にはじめて出合った人の立場になって考えてみようというわけである。

　私が最初に提示したのは実は分母同士，分子同士をそのまま割っても答えが出る。やってみるとちゃんと答えもあっている。だからこの方法でもいいんじゃないかなと私が言う。すると，子どもたちが「こんなときがだめだ」と不都合な場合をたくさん出してくる。

　この展開が面白い。普通の授業とは逆である。ここで子どもが出してくる反例の数値に意味がある。自分で試してみたい数値を思い浮かべ，実験していくこの一連の活動自体が大切だと考えたい。

C10 　他のではやっていないからまだわからない。
C11 　平均とかと同じように，何回もやってみる必要があります。でも，他の数字でやってみてできなかったら，OKにならない。
C12 　まず，$\frac{12}{15} \div \frac{2}{5}$ というのは，15÷5で割り切れて12÷2で割り切れるじゃないですか？
田中　待って。C12君はこの先どんなことに困ると言うと思う？
C12 　はい，はい！
田中　君は本人だからわかるに決まっているでしょ（笑）
　　　どう，想像つかない？
　　　じゃあ，もう1回，C12君を巻き戻すぞ。
　　　ピッ。どうぞ。
C12 　$\frac{12}{15} \div \frac{2}{5}$ は，15÷5をしたら割り切れて，12÷2をしたら割り切れるから……。
田中　はい，ストップ！
　　　この続きをなんと言うでしょう？　なにかわかる？
C複　はい！
田中　本当？　想像つく？
　　　不都合なことを言おうとしていると思うんだ（笑）
C13 　先生は知っているんだね（笑）
C14 　割り切れる数同士だからいいけど，もしも割り切れない数，たとえば「7÷9とかだったらどうするの？」とか。
田中　なるほど。C15君，いま聞いていた？
　　　もう1回いくよ。はい，どうぞ。
C14 　分母も分子も割り切れる数同士だからいいけど，もしも7÷9みたいに割り切れないものだったらどうすればいいのかなって。
田中　はい，C15君。
C15 　いまは分母も分子も両方割れるけど，7÷9とかだと割れないから困る。
田中　よく聞けました。割れないときだったらどうするのかということを言っているわけだよな。
　　　じゃあ，どんな分数にしようか？
C16 　素数。
C17 　$\frac{7}{9} \div \frac{3}{11}$！
C18 　難しいから，嫌だ！
　　　（問題の数値で子どもたちがもめる）

分数のわり算　第6学年

田中　わかった，わかった！
　　　なるほど。$\frac{7}{9} \div \frac{3}{11}$ とかになったら困るんだな。どうやって計算しよう？
　　　なにかいい方法はないのかな。まず，9が11で割れないな。7も3で割れない。⓲

C19　通分すればいい。

田中　通分する？　通分する方法に戻ればいいね。
　　　では，聞くけど，これが割れるようになればいいんだろう？

C19　でも，上が…。

田中　となると分数は同じ大きさなのにいろいろな姿に変えられるから。分数の表し方は1通り？　$\frac{7}{9}$と等しい分数。たとえば…。

C20　$\frac{14}{18}$

田中　…と姿を変えるよ。
　　　そうすると君たちが言っている，11とかで割るための都合のいい姿にはできないのかなあ？

C全　できる。

C21　$\frac{7}{9}$と$\frac{3}{11}$の分母を99にする。⓳

田中　ちょっと待って。C21君は分母を考えたんだよね。これを99分の…にする。はい。99分のにしたら，分子はなにになりますか。

C全　77！

子ども
いきいき！
授業の様子

田中　これで下は解決だよ。❷⓪

C全　でも，上もならなきゃだめだもん！

田中　どうすればいい？　上も都合よくしよう。

C22　じゃあ，もう1回，3をかける。

田中　もう1回，3をかける。すごく大きくなって嫌だけど（笑），77×3はいくつ？
　　　はい，ちょっと計算。

C全　231 ❷①

田中　おお，すごい。231で分母は？

C複　…297

田中　う〜ん，怪しい人もいるなあ。全員起立！
　　　単純なことをやります。99×3，頭の中で計算が終わったら座ります。座ったら当てるからね。
　　　…どうしてみんな，計算するとき斜め上を見るのかな（笑）
　　　C7さん，どうですか？❷②

C7　297

田中　みんな，大丈夫？　はい，じゃあ次。
　　　分母のほうはできるのかな？

C全　できる，できる。

田中　できる？　全然わからない？❷③
　　　じゃあ，ちょっと計算タイムにしよう。上も下もきちんと計算してみてください。どうぞ。ノートに書いてください。
　　　（ノートタイム）❷④

C23　…え，うそ！　こんなことってある？

🕐 **20分経過**

田中　OK？　計算終わった？

C24　終わった！　ていうか，先生，怪しい！

田中　どうして？　この数字はみんなで決めたんだから怪しくないよ。
　　　とりあえず計算の結果を確かめよう。分母はどうなりましたか？

C全　27

田中　分子は？

C全　77

田中　この答えは合っているの？

C全　合っている！

田中　なぜ，合っていると言えるの？❷⑤

分数のわり算　第 6 学年

C25　逆数でかけると 9 × 3 は 27 で，7 × 11 は 77 だから合っている。

田中　合っているよねえ。さっき 99 にそろえるだけでも答えが出るよと，言っていた 3 人がいましたよね。
　　　そこだけ紹介しておくね。㉖

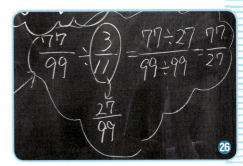

C26　$\frac{3}{11}$ を $\frac{27}{99}$ にしても，下はもうどうでもいいから，77 ÷ 27 を分数にしてしまえばいいと思います。

田中　これを $\frac{27}{99}$ と考えれば，もうこの時点で答えは出せるよと。

C27　…そうか。なるほど！

田中　皆さん，分母をそろえればできるって，ずっと言っていましたよね。
　　　そうするとこれは 77 ÷ 27 だけが残るので，$\frac{77}{27}$ と出せることは前にやりました。㉗
　　　じゃあ，分母同士，分子同士で割れば答えは出る。

C28　でも，面倒くさい。

C29　手間がかかる。

田中　確かに面倒くさいね。でも，できるね。なぜ教科書にはひっくり返してかける方法だけが書いてあるのだろう。これとこれは関係あるのかなあ。

C30　簡単だから。

C31　わかりやすい。㉘

C32　教科書会社がこれしか考えられなかった。

田中　なるほど。教科書会社がこれしか考えられなかった（笑）。あの教科書をつくっている人はだめなのかな（笑）㉙

C33　先生もつくっていませんでしたっけ（笑）

田中　どうだったかな。

C34　先生の名前が書いてある！　やっぱりだめだね。

田中　やかましい（笑）
　　　じゃあ，いま，ここでやったことをもう 1 回式にしてみます。
　　　いいかい？　まず，$\frac{7}{9}$ をどうしたんだっけ？

C全　× 11

田中　× 11 にした。上は？

C全　上も × 11 ㉚

田中　はい。次になにをしたんだっけ？

C全　× 3

田中　× 3 にしたんだよね。ちょっと待てよ。

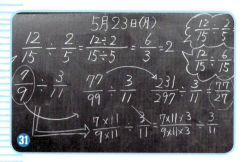

　　　これは9×11と7×11したあとに×3……長いね。それで？

C全　÷$\frac{3}{11}$

田中　こういうことをやっているんだよね。㉛

　　　はい，1人なにかに気付いたようだね。

　　　お，2人，3人……。

C35　お〜，確かに！

田中　お〜と言えば，参加した感じになるな。

C複　お〜！

田中　やかましい（笑）

C36　これ11って書いてあるから，11÷11で…。

田中　はい，ストップ！

　　　C36君がいまから説明しようとしていることを想像しよう。どう，わかる？㉜　全員起立！　いまの時点でC36君が，こんな話をするのではないかなと想像がつく人は座ってください。

　　　座っている子はこのあと，C36君の代わりに話せと言われたら話せるわけね？

C37　話せます。

田中　よし。じゃあ，C36君，どうぞ。

C36　こことここが11だから，11÷11は1だから消せます。上も同じように3÷3で1だから，ここを消すと，これの逆数。㉝

C38　おおー！　イッツOK（笑）

田中　本当？　話せる？　もう1回誰かにしゃべってもらいましょう。

　　　いま当てられたら困る人？

　　　まだ，いるね。じゃあ，隣同士で練習。どうぞ。

　　　（隣同士で説明・1分）

田中　大丈夫？　よし，じゃあいこう。どうぞ。

　　　後ろの人を指してみました。（席に座って）後ろから見るとどう見えるんだろうね。

C39　9×11×3

田中　ごめん。先生ちょっとよく聞こえません。㉞

C39　7×11×3になっていますよね。それで11は11で割っているんだから，ここは1になっています。ここも3倍して3で割っているから，消えるというか，かける1です。

　　　それでいま9×3と7×11になっているじゃないで

分数のわり算　第6学年

すか…。

田中　その下に書いてくれない？

C39　いま，こうなっていますよね。そうすると，ここの部分が $\frac{3}{11}$ の逆数になっているから，この式と同じ。

田中　いいでしょうか。納得した？　よし，じゃあ，ちょっとノートにまとめましょう。ノートタイム。

　　話し合ったときには，なんとなくわかったつもりだったけど，あとから1人になると忘れているということがあるからね。

　　余裕のある人は別の計算でも説明できるかどうか試してみるといい。

　　（ノートタイム）

30分経過

田中　ちょっとごめん。C40さんがとてもいい質問をしたので，みんな聞いてください。ちょっとこっち向いて。C40さん，言ってごらん。

C40　いままでわり算するときは，割られる数も割る数も同じ数をかけなければいけなかったのに今回は左側のほうばかりかけていて右側はかけていないのに，なぜ答えが一緒になるのかな？

田中　いまのC40さんの質問に答えられる人？

　　もしくは「そうだなあ」と思った人？　C40さんの気持ちがわかる人？

　　（大勢挙手）なるほど。多くの人は同じことを感じたわけだね。

　　じゃあ，こうだよと説明できる人はいますか？　もしかしたら，今日やってきたことはすべて間違っていたかもしれないものね。

C41　はい。たし算やひき算は分母をそろえないと位が同じじゃないからたし算できない。だけど，かけ算，わり算は，数が同じであれば，かけてもあとで通分とかできるから意味がない。

　　たし算だと，たしたあとに約分しますよね。だけど，わり算やかけ算は，最初に約分しなくてもできたらいいわけ…。あれ？　だんだんわからなくなってきた。

田中　C40さんの質問を整理するよ。いい？

　　4÷1の計算と答えを同じにするには，こちらを2倍したらこちらも2倍しないと答えは一緒にならなかった

でしょう。だから、わり算のときに片方を何倍かしたときには、もう一方も同じように倍にしないと答えが変わってしまうのではないのかという疑問だったんだよ。
　でも、本人わかったそうです。どうぞ。

C40　なんとなくなので、よくわかっていないんですけど…。

田中　いいですよ。

C40　$\frac{7}{9}$という数字を倍にしても、その9個あるうちの7個を11倍しても、99個あるうちの77個は同じ数字だから倍にしてもいい。
　　答えはちゃんと出る…。㊴

C42　分数は、分母と分子に同じ数をかけてもそのものは変わっていない。姿は変わるけれども、もとは変わっていないから、分子と分子をかけたら右側を一緒にかけなくても大丈夫。㊵

C40　そうそう、それが言いたかった。

C41　だから、その数自体は変わらない。

田中　そういうことだな。$\frac{7}{9}$という大きさは変わっていないから大丈夫なんだね。でも、やりながら自分で、「あれ？どうなのかな」と思ったことが素直に聞けることは素晴らしいですね。㊶
　ということで、これで分数のわり算はなぜひっくり返してかけるのかという説明を何通りもやってきましたね。自分は何通りの説明ができるか整理しておくといいね。その中で、自分の得意な方法はこれかなと、印をつけておくといいよ。
　それにしてもよく頑張りました。みんな素晴らしい！
　はい、チャイムが鳴りましたので、ここまでにします。終わります。㊷㊸

> 著者紹介

田中博史主宰・職人教師塾
授業・人(じゅぎょう・ひと)塾
真の授業人(じゅぎょうじん)を育てます。

田中博史 (たなか・ひろし)

1958年山口県生まれ。筑波大学附属小学校副校長。
1982年山口大学教育学部卒業，同年より山口県内公立小学校3校の教諭を経て1991年より筑波大学附属小学校教諭で現職。専門は算数教育，授業研究，学級経営，教師教育。放送大学大学院にて人間発達科学の分野で学術修士号取得。筑波大学人間学群教育学類非常勤講師，全国算数授業研究会会長，日本数学教育学会出版部幹事，学校図書教科書「小学校算数」監修委員，学習指導要領実施状況調査委員(H26)。また元NHK学校放送番組企画委員として算数番組「かんじるさんすう1・2・3」「わかる算数6年生」NHK総合テレビ「課外授業ようこそ先輩」などの企画及び出演。JICA短期専門委員として中米ホンジュラスへ，またタイやシンガポールのAPEC国際会議，メキシコでの数学教育国際会議（ICME11），米国，イスラエル，デンマーク，スウェーデン，スイスなどにおける授業研究会などでも現地の子どもたちと英語でのデモンストレーション授業や講演などを行っている。

[主な著書]

『量と測定・感覚を育てる授業』（国土社）『追究型算数ドリルのすすめ』（明治図書）『田中博史のおいしい算数授業レシピ』『田中博史の楽しくて力がつく算数授業55の知恵』（いずれも文溪堂）『子どもと接するときにほんとうに大切なこと』（キノブックス）『学級の総合活動高学年・輝き方を見つけた子どもたち』『算数的表現力を育てる授業』『使える算数的表現法が育つ授業』『遊んで作って感じる算数』『プレミアム講座ライブ田中博史の算数授業のつくり方』『輝き方を見つけた子どもたち』『田中博史の算数授業1・2・3』『語り始めの言葉「たとえば」で深まる算数授業』『子どもが変わる接し方』『教師にも瞬発力・対応力が必要です』（いずれも東洋館出版社）他多数。

[近年の主な監修・編共著]

『板書見ながら算数作文』シリーズ全4巻（明治図書）。『算数授業で学校が変わる〜授業改革から学校改革へ』（東洋館出版社）『論理的思考力を育てる算数×国語の授業 問い作り・思考作り・価値作り』（明治図書）などは新潟県，福岡県の公立学校との共同の書。『学校を元気にする33の熟議』『学校をもっと元気にする47の熟議』『スクールリーダーが知っておきたい60の心得』（東洋館出版社）ではスクールリーダー育成を，また子どもの何気ない言葉の裏にある思考を整理した『ほめて育てる算数言葉』（文溪堂），他教科の同僚と学級経営の視点で授業を見つめ直して作った『高学年の心をひらく授業作り』『「全員参加」授業のつくり方「10の原則」』（文溪堂）など多様な提案にも取り組む。その他，子ども向けの作品として，『算数忍者』シリーズ全8巻（文溪堂），『絵解き文章題』『4マス関係表で解く文章題』（学研），「ビジュアル文章題カルタ」「ビジュアル九九カルタ」「ビジュアル分数トランプ」「ビジュアル割合カルタ」（文溪堂）などの教具開発も手がけている。また，学校用算数ドリル「算数の力1年〜6年」が大人気になっている。

写真と対話全記録で追う！
田中博史の算数授業 実況中継

2019（平成31）年3月2日　初版第1刷発行

著　者：田中博史
発行者：錦織圭之介
発行所：株式会社 東洋館出版社
　　　　〒113-0021　東京都文京区本駒込5-16-7
　　　　営業部　TEL 03-3823-9206／FAX 03-3823-9208
　　　　編集部　TEL 03-3823-9207／FAX 03-3823-9209
　　　　振替　　00180-7-96823
　　　　Ｕ Ｒ Ｌ　http://www.toyokan.co.jp

装　丁：mika
印刷・製本：藤原印刷株式会社

ISBN978-4-491-03546-8／Printed in Japan

[JCOPY] <(社)出版者著作権管理機構　委託出版物>
本書の無断複写は著作権法上での例外を除き禁じられています。複写される場合は、そのつど事前に、(社)出版者著作権管理機構（電話 03-5244-5088、FAX 03-5244-5089、e-mail : info@jcopy.or.jp）の許諾を得てください。

本書における子どもの会話・記録を，無断で他の論文・実践等で引用・掲載することは内容の誤解を招く可能性があるため，固くお断りします。